顛覆的教改

劉克慶 著

白象文化

自序

社會盼望教育改革，專家們意見紛紛，一般說來都脫離不了傳統窠臼，難以徹底解決問題，今日的社會與古早時期不可同日而語，教育對新社會的要求、新時代的新責任，應該深入了解，積極面對，尤其一些往日的觀念、認知和教育結構已經陳舊，需要突破傳統，作顛覆性的變革，方足以適應目前社會需求。

如今個人不受教育不能適存於社會。社會、經濟、政治、文化等，沒有教育的配合與助力不能進步。教育範圍要從青少年擴大到成人，從學校擴大到社會，教育的使命，已提升到促進國家社會整體進步爲目的，不能只是培育人才爲滿足，把培育人才作爲基本功能，然後面向社會，走入群眾，展開教育的新工作，深入、配合、調查、服務，以應新時代新社會的需求。

第一，民主時代，人人都有接受教育的權利，今天教育所面臨的不是單純個人，不只人才問題，而是全體國民的教育問題，在這集體目標前，講求教育資源的合理分配，教育機會的公平公正，以及確實做到因材施教，人人皆有適當教育，教育要向每個個人負起責任。

第二，今日社會已成生命一體，人人利害與共，無論貧富強弱，智愚不肖，皆需教育，尤其不肖者弱者，更要設法教育，使其成爲社會有用之人，貢獻社會，勿爲社會負擔，這是教育要向社會負起的責任。

第三，時代不斷進步，經濟發展競爭激烈，不能競爭就被淘汰，教育培育人才，需要與經濟發展相配合，不足與過剩皆將影響經濟成果，除了人才供需配合外，還要啓發個人潛能，發揮每個人最大能量，以增進經濟競爭力，故教育必須直接向經濟負起責任。

第四，以往青少時代接受教育，學成畢業享用終身，如今社會進步快速，人人必須活到老學到老，教育要推行成人終身學制，工作與學習交替前進，並使學習管道與工作管道，緊密連結，交替順利，如此學習與就業構成良好秩序，人人便利進學，也便利投入工作，這原是政治追求目標，也是今日教育要向政治肩負的責任。

第五，教育以文化爲基礎，教育内容就是我們的文化内容，包括人文、科學、技術等，在任何内容領域，都要追求領先，然後才能教導國民，引領社會進步，故教育有健全文化創造文化的責任，有了優良文化，才能談到培育人才。

這些都是時代帶給教育的新責任，無可旁貸，從這些責任中，說明教育比往日更爲重要，教育不再以培育人才爲最高目的，必須向個人向社會向經濟向政治向文化負起直接責任，以促進國家社會整體進步爲目的，這該是今日教育改革的方向。

不過任何改革總有阻礙，尤其一些傳統觀念，已不適用於今日，必須以顚覆方式予以扭轉，然後才能走上改革之路，例如：

第一，現代的教育要走入社會，調查社會需求狀況，改進教學內容，配合社會需要，完全以積極態度，直接爲人民而服務，與往日教育人員，一心研究學問，埋首培育人才，少管社會俗事，大不相同，由被敬重的老師，一變爲服務社會的公僕，這是一項顚覆性的變化，需要勇敢面對，扭轉觀念。

第二，現行小學中學大學與學籍學位，都是「學國」中管理編組，不是服務社會的編組，是爲了培育人才而建立的升學梯階，造成今天升學主義彌漫。如今人才已不能只靠學籍學位的累積，而是要靠學習與工作交替併進，產生出眞正的實學眞才，是故傳統學制，已不能適用於現代社會，必須重新建立以專長爲主的成人終身學制，打破目前「教育王國」迷思，捨棄學籍學位虛榮，顛覆往日培才觀念，然後才能配合社會，服務人民。

第三，今天人才要經過工作的考驗，這表示工作對人才的重要，但不表示否定高深學問，而是講求「知」「行」相輔的教育，使學歷與經歷交替併進，經過千錘百鍊，嚴格過程，然後逐步造就人才，這種交替培才方式，改變了今日升學主義，顛覆了讀書惟高的傳統觀念，把「知」與「行」相結合，足以引導國人腳踏實地，一步一痕。

第四，民本觀念原是中華文化基本精神，教育要尊重人性尊嚴，尊重個人差異，教育在面對所有國民時，沒有不及格，沒有落榜，沒有放棄，沒有開除退學，只有澈底的有教無類，因材施教，講求教育方法，這才是今日教育應該充分發揚的民本觀念，目前有關教育招生，以及制度規定等，都要加以顛覆性的改變。

有了以上這些顛覆的觀念，認識了現代教育的責任和目的，然後教改才有準繩方向。

教育既面臨巨大變革，其改革重任，已不能只由教育專家單獨承擔，還待遠見的政治家，深入的社會學家，精算的經濟專家，務實的事業家，國防專家，人力管理專家等，連同教育專家，共同參與，產生共識，訂定計劃逐步推行。因為教育重要性增加，教育範圍擴大，牽涉廣大，需要集思廣益。

國家教育大事，從個人、社會、國家，甚至民族命脈，都息息相關，影響深遠，作者一名市井小民，從未涉獵教育工作，只為關懷教育，不揣譾陋，錯誤、不當，還望關心一同下，包容賜教。

目錄

第一章　國家教育責任

一、教育要向個人負責

（一）全民教育責任

民主時代人人都有受教育的權利，故教育要對所有個人負起教育責任，今天沒有受過教育，甚至不能立足社會，沒有接受教育不能進步發展，不受教育不能與人競爭，人人不能沒有教育，是以全民教育乃今日教育責任。

社會中有貧富貴賤賢愚不肖等不同，我們不能用高學費政策，將貧者拒絕於校門之外，也不能用簡單的考分斷絕了低分者上進之途，縱然不肖之人，也應設法教育成有用之材，全民教育就是要向每個個人，負起教育責任。

（二）教育要求精進

社會愈進步，計算愈精密，昔日看了「清明上河圖」，便知繁榮盛世，今日要計算每人平均所得，失業人口多少，來衡量進步狀況。教育的進步，要看學校數量，每年畢業學生多少，這比私塾教育時代，進步的估算，要精密很多，然而依照這個時代的進步速度和社會需求，這樣的計算仍舊不算精密，例如教出了無數的大學畢業生，造成學歷愈高，失業愈高，如此的大學畢業生數據，又怎能代表進步的象徵，這說明要重視與社會需要的配合，教育要使人才供需平衡，要看配合的程度，才能知道進步幅度。不過今天我們的教育，還不能做到人才供需徹底平衡，因為教育的觀念和制度，還停留在上一世紀階段，「埋首培育人才，人才愈多愈好」，我們的教育誠然落後太多了。教育認為大學生過剩，無法就業，那是社會的事，那是經濟發展課題，教育不管其他，只管教育，孰不知今日社會已結為一體，教育要重視配合，具備總體進步觀念。

我們更要指出，今天教育縱然做到配合社會需要，做到各類人才供需百分百平衡，也還不夠，教育必須看清這個時代，進步永遠不會停止，追求深入永遠不嫌精密，且看今天國家對人力的運用，已經錙銖必計，不但要求人人有工作，還要適才適所，每個人力都不容浪費，不止如此，更在經濟上提倡所謂知識經濟，要求開發人礦，公私單位都在感嘆人才難尋，在這樣氛圍下，我們的教育，不但努力做到配合社會需要，還要確實做好因材施教，什麼人才該有什麼教育，講求該怎樣去教，讓優秀者更爲優秀，平庸也變優秀，每個人的潛能，皆可發揮到極致，那才是眞正向每個人負責的教育。

(三)尊重個人差異

本來教育就是啓發個人潛能，增進個人知識技術和品德才能，教育的對象就是個人，每個人都有性向志趣資質等的不同，這是先天的差異，因此對學習的能力方向必然也有不同，教育就要有不同標準予以衡量，不同方法給予教育，從國小國中開始，雖然教育內容一致，但可依其平時言行表現，考試成績，綜合分析後，鑑定其爾後不同教育方向，和未來發展指引，以便澈底實現因材施教。

1. 學制革新後的國民基礎教育學校（相當國小國中），相同教學方式，但學童考試得分絕不相同，雖然總平均相同，但其內容必有不同傾向，學校必須綜合分析，了解其擅長或短缺，作爲爾後求學就業參考。畢業成績單上，捨棄名次的記載，改以擅長短缺說明，適宜發展方向的建議，可說人人第一名，鼓勵人人有希望，行行出狀元，教育就要這樣給予每個人的希望，這才是向個人負責的教育。

2.教育革新後，將改爲成人終身學制，國民基礎教育後，學習與工作交互前進，沒有長期連續升學制度，將更易調整學習和工作興趣，直到適合個人所長爲止，這種徹底尊重個人差異，才能發揮每個人潛能，達到極致。

（四）特殊才能教育

幾年前，報載有位十一歲男童，竟能通曉全部高中數學課程，父母憂慮不知今後如何培植，幾年後的今天，不知後效如何？另有報導，一位十三歲天才兒童，竟已大學畢業，類似報導難計其數，我們的傳統教學方法，不動如山，不知如何面對這些特殊孩童。我們常注意的是平面差異區分，例如甲生適合某項，乙生則適合某項，從沒有注意深度教學的差異，十一歲的孩童通曉高中數學，依此速度，若到廿一歲時對數學的探討，不知要深入到何種境界，數學科別相同，但學習深度速度不一，我們的教育何曾有這些教學方法的研討！大家都重視開發人礦，孰知這些特殊天才，乃是「人礦」中稀有珍品，除了須要更優的開採方法外，還要講求更佳的提鍊、琢磨、打造，才能使珍寶價値，提高到極致。

1.我們要以西藏尋找靈童的精神，去發現特殊才能兒童，自然必須通過科學方法的測試，愼重的評鑑，然後決定類別等級培植方向，若等到新聞報導才知，已屬被動，卻又不採特殊教育措施，眞可說埋沒天才。

2.成立逐級而系統的特殊人才培植學校，從初級中級直至高級，採用特殊方法、特殊內容，務使天才在良好而適當的環境下，快速進步，勿讓天才混雜在陳舊學制中使用傳統教法，任其浮沉，湮沒於人群中。

3.政府應設立特殊工作管道，交付特殊任務，必讓天才有發揮空間，適度保障，減少干擾。

我們其所以要重視天才，因爲天才很可能成爲未來人類先驅，王健民並非由教育特別培植，但有幸生長在體育環境裡，加上本身的天賦和努力，才有今日，如果我們普遍重視，並有一系列天才培植制度，有計劃的培植各類天才，那麼今天何止王健民一人，尤其在科技、藝文、音樂、體育等方面，需要長期研究磨練，既沒有金錢利益的誘因，反需要大力經濟支助，若沒有國家教育政策的協助輔導，豈容易產生良好成效，相信今日的投資，對未來社會福祉的收獲，將千萬倍於今日的關注代價。

（五）貫穿人生的教育

個人與個人之間有很多差異，而同爲一人，由於年齡的增長，也有各個齡層不同教育需求，尤其今日科技一日千里，倏忽間即能影響人們生活，何況相隔多年，因此教育不能不面對此一時代進步現象，使每個人都能隨時跟上時代腳步前進，貫穿童年到老年，全部人生的教育，讓任何齡層，都有再進學校機會，都有所需要的專長班次教育。

今天提倡所謂成人教育，要終生學習，已成爲時代要求，然而仍舊停滯在道德勸說時期，我們不去大力改革學制，不去用學制來全面徹底規導，人人都須進入成人教育軌道之內，只用宣導方式，呼籲終生學習，全靠自覺性的參與，顯然效果不彰，舊有學制仍多窒礙，必須改革。

前些時媒體報導，祖孫同校同班上課同時畢業，傳爲佳話，齡層不同，需要自不相同，祖孫同堂學習，難道不覺格格不入麼？我們的教育，緊抱舊制，不求變革，迫使祖孫同堂，向陳舊的教育屈就，這種不協調現象，社會當作佳話談論，其實怎算得什麼美事！其他齡層人們，還有很多需要再學習再加充實，何嘗不希望有適當機會，是故除國民基礎教育外，必須適應各齡層人們的需要，設立各類別各等級職業學校和專長班級，入學從寬畢業從嚴，短期長期依需要訂定，取消學籍學位修習，學期不須太長，畢業立即就業工作，工作一段時間，需要時再進校研習，如此工作與學習交替進行，直到老退，這就是貫穿人生的教育，自然也須有配套措施，例如學習保險，以保障離開工作就學期間生活所需，以及推動企業家庭化，製訂員工培植計劃，使優秀員工有上進機會等，總要使任何時間，工作或學習來去皆很順利，這才是最好而且又能安定社會的現代學制，由於終生學習人人所需，更是時代強烈要求，這種貫穿人生的教育，也是最徹底的向個人負責的學制。

（六）舉一反三處處著力

認識了教育要向個人負責，則處處都可著力，例如殘障教育、監獄教育、偏遠地區教育等，我們的著力仍嫌不足，最難忍的，教育向個人負責，並不是深奧理論，「有教無類」「因材施教」千古明訓人人皆知，不只重視個人，更是重視每個個人，民主時代人人都需要受教育，怎奈目前各級學校，還有開除退學的規定，以及放牛班的說法，對這些不能與一般同學共同上課的學生，教育何曾設法用其他方法培植成爲別類人才？大專聯考，振振有理，那麼擇優而教，豈非違背「有教無類」原則？那些落榜考生，何去何從？該如何對他們個人負起教育責任？諸如此類，我們只要舉一反三，處處都可著力，反之教育若不具備向個人負責觀念，則違反教育原則，無處不泛濫，令人憂心。

二、教育要向社會負責

（一）新社會新形態

經濟繁榮，科學進步，社會形態不斷改變，教育不能再墨守成規，爲教育而教育，已必須積極向社會負責的時候。過去農業社會多子多孫多福氣，如今雖傾向少子化，惟新生人口仍在一天一天出生，不予教育便成社會問題。過去經濟進步，靠少數企業家提倡努力，今日經濟蓬勃發展，社會上人人都要接受教育，人人都要有就業能力，否則難以適存社會，教育與社會關係密切不可分割，社會愈繁榮，教育責任愈益加重，新社會中很多問題已轉移到教育肩頭，已經責無旁貸。

(二)貧富皆須教育

貧富差距，古今皆有，本是原始的社會問題，但如今教育的重要性提高，尤其貧窮與教育互相糾結，形成惡性循環，貧者缺少教育，所以愈貧，愈貧愈缺少教育，兩者息息相關，不管爲起馬立足社會的教育也好，或爲進一步發展也好，都是社會重大問題，都要依賴教育去協助解決。日前媒體報導，某處小學，學生繳不出營養餐費，還有大學生抗議學費漲價，社會上因貧不能升學，或艱困中勉強就學者，隨處可見，有些慈善人士伸出援手，還有地方農會願意免費提供當地學童午餐，但教育主管單位卻不知所措，因爲沒有足夠經費來解決這些問題，如果有一天沒有援助來源，因貧不能就學，教育主管又將如何處理？那些善心人士，不過是在可憐教育當局，沒有辦法的窘態罷了。其實因貧缺少餐費，倒還有濟助人士，而已進入國中高中以上，卻因貧不能升學者，其比例不知與缺餐費者高出多少倍，而且不容易引起人們注意，由於已達工作年齡，這些人被迫走入職場，在這種可就學恨無機會下，被迫放棄，教育不能說沒有責任。

每個人學習權利，在這個時代裡已成爲人權的一部分，教育擔負著維護人權的責任，要盡可能去維護每個人學習機會，貧窮不能就學，絕不能全部推給社會去解決，教育必須有教育的解決方法，不管經濟多麼低迷，社會多麼紊亂，多麼貧窮，個人有條件有需要，我們都必須給予就學機會，這是教育的基本責任。

現代社會，複雜多端，社會中各種狀況有各種不同掌管機構，教育必須就教育有關範圍，向社會負起責任。例如獎助學金，教育貸款等，都是目前解決方法，不過仍舊不夠充足，不夠週延，這些所謂的解決方法，只是小兒科的觀點，不足以解決龐大社會問題，如果教育能打開自囿，與企業相結合，只問人才的優秀，那怕貧窮無錢，貧家子弟，也有出頭天的機會，就看教育有沒有認眞向社會負責。

（三）殘障教育

殘障人士諸多不便，社會必須付出很多關注，但我們教育面對殘障時，不只是同情的關懷，不只是愛心的照顧，我們要推動專業的殘障教育。有一次新聞報導，某國中一位身體殘障學生，每次上下課，皆由一位同學背負行動，數年如一日，然後大施表揚善行，類似報導甚多，不忍多作舉述，這樣的表揚，自然有正面意義，然而另一方面卻是教育之恥，我們竟沒有專業性的殘障教育環境。最近又一新聞報導，一位盲人因不能閱讀，由母親錄音法律書籍，再給兒子聽學，終於成爲盲人律師，其母延續錄音很多年，音帶數百卷，經常錄音到凌晨時間，次日還要上班，其辛苦可想而知，我們聽來除了讚揚母愛偉大，和不向命運低頭的盲人外，教育當局難道不覺慚愧嗎？教育絕不要認爲非我不教，而是他所不能，應該積極的去學習這位偉大母親。一位母親教出了盲人律師，我們的教育該教出多少殘障人才，天下盲者還有很多等待教育的培育，其他殘障更不知多少，他們都有接受教育的權利，而且很多具有傑出才華，只因教育還不知現在的職責爲何。

1. 殘障分類；例如盲啞、上肢殘缺、下肢殘缺等，這些分類，不是生活救濟的分類，是爲推展殘障教育，所做的學習分類，是適合學習項目的分類，千萬不要流於便利教育管理的分類，而是以培養殘障人才爲目的的分類，至於如何分類才算恰當，還待探討、實驗和創研。

2.專長單一化；依殘障狀況，設計單一學習專長，刪除不必要課程，希望在單一專長中，專注精神獲得成就，由於殘障人士，多爲社會弱勢，故必須在單一專長成就上超乎常人，爭得一席地位，方可衝破弱勢環境，最低也可減少對社會的依賴，若能進一步向更高更多才能方向努力，將對社會有更好貢獻。

3.改革學制；傳統的教育觀念，設置了小學中學大學系列學制，然後不論手殘腳缺，都要自已克服困難，來依我就我，這種官僚式的教育觀念必須破除，現代教育責任，是普遍服務的教育，當面對殘障人士，就要有服務殘障者的教育，積極研究各種可能的挑戰，例如盲人不只是限於按摩算命，盲人律師就是成功的一例，其他腳殘者用手，手殘者用腳，還有嘴眼口鼻頭腦的開發，務使人人都能發揮其特長，製訂殘障學制，專設殘障學校，研究不同教育內容和教學方法，建立適合殘障學習環境，依照殘障學習分類，培養殘障人才，這才是向社會負責的教育。

(四)不肖者的教育

不肖之徒橫行社會，既無法根絕，就必須面對現實，違紀犯法，自有法律的制裁，然而只靠法律制裁，有時效果不佳。常聞刑滿出獄再犯者很多，還有所謂慣犯，任何法律處罰難改其習，成爲牢獄常客，站在教育立場，用積極觀念面對社會，這些都應負起應有責任，因爲他們都有受教育的權利，和再教育的社會需要，何況教育更要以「有教無類」精神，去爲社會服務。

1.不使走入歧途：教育要配合國家人力運用計劃、經濟發展計劃等，作計劃性的培植人才，國民基礎教育（國中以前），人人強迫入學，沒有開除退學規定，只有改變教學方法，或修正學習方向，沒有人排除在教育之外。顛覆性的學制改變後，所有現行高中階段，全部改爲職業基礎教育學校，不管貧富貴賤富豪子女，人人都要從基層學習，從基層工作開始做起，與社會各行各業密切配合，畢業立即就業，工作一段時間，認有需要，將有系列各級職業專長學校，供給努力者入學深造，各級學校乃是各區域人力供應中心（學制章說明），畢業即可工作，因此人人不是工作就是學習，不是學習就在工作，人人都在有秩序的管道中前進，沒有走向歧路機會。

2.監獄教育；幾年前有位長期受刑人，發奮讀書，考取台灣大學，最後因規定不合，未得入學；我們看到勞委會爲勞工爭取權益，農委會爲農民籌謀，而教育部卻不爲有心向學之人去爭取權益，牧師和尚都可到監獄傳教，大學教授有何不可進獄講學，疾病可以保外就醫，讀書爲何不可保外就讀，每個人都有學習權利，教育主管卻不去爲受刑人爭取，可算怠忽職責，縱有法律上技術上種種困難，也必須克服困難遂行職責。現有狀況下，也可把監獄區分成數個等級，充實適當之職業教育內容，總使有心向學者的學習權利不被抹殺。

3.建立監獄教育地位；受刑者失去自由，使其肉體和精神受到痛苦，這就是對犯罪者的懲罰，其實懲罰的內容極其簡單，就是依罪行大小，區分長短刑期，不過是痛苦加時間，我們的教育家，教育主管，怎麼沒有一些有教無類之心？想想那些受刑人的教育問題，把「痛苦加時間」的內容，稍加充實呢！這些受刑人，終究要回到社會，爲社會一份子，在受刑期間，培養其謀生能力，磨練必要技術，甚至學術研究等等，都可充實在「痛苦時間」之中，出獄就成爲正常有用之人，貢獻社會。受刑時間不變，苦學苦練其受苦程度不變，法律尊嚴依舊維持，那麼我們的教育，爲何不走進監獄？在獄中建立教育地位。由於獄中生活不自由，可把漫長時間導向於學習，同時成效要求必須高於一般水準，其目的之一，要達到苦學苦練，受到苦中之苦，其實社會上成功事例皆是如此，也符合懲罰意義，而不學習也不能脫離痛苦，所以要求提高學習效果，是順情順理而且順勢的要求。其次刑滿出獄，往往受到社會歧視，不易抹去陰影，如果在獄中習得高於一般標準的學能技術，何愁出獄後不受尊重，同時經過苦學苦練，必然珍惜這項成就，對建立自信，改變形像必有影響。再者目前對獄中生活表現優良者得以減刑，提前出獄，而獄中教育難道就不能創造「學習成績」作爲減刑依據之一麼？而且這乃激發向上（善）的能量，是社會希望的力量。故教育必須深入社會，深入監獄，建立獄中教育地位，不但對受刑人個人、對社會、對獄政的改進，都有正面影響，教育能不負起這項社會責任麼？

4.矯正教育；有些不肖慣犯，任何懲罰，皆不足以改變其習，另如重大犯罪，甚至一些難以想像的犯罪行爲，手段殘忍，皆源於心理不正常，思想觀念錯誤，認識不清等原因，我們的教育，就該運用各種矯正方法，讓錯誤改正，成爲正常之人，亦如病患進入醫院，總使藥到病除；不肖之人，犯罪後不只懲罰而已，若施以矯正教育，配合法律的懲罰，將有更大效果。監獄就是醫院，出院便是健康人。

（五）生活形態改變的教育

很多工廠，日夜都在工作，便利商店廿四小時開放，人們工作有早班晚班日班夜班，這與往日完全不同，我們的教育，還能保持數十年的傳統，一成不變嗎？

1.社會改變中的幼童；現代社會男女都在工作，尤其年青夫婦，經濟基礎尚未穩固，乘著年青賣力打拚，很多遲遲不敢生育，有些不敢多生，其主要原因則是對孩童難以照顧，培養不易，在生育率日趨下降時，政府提出獎勵生育的補助辦法。教育是政府一環，有配合施政的責任，應該將幼童入學年齡，向下延伸一至三歲，降低年青夫妻撫養負擔，一方面也是保護民族幼苗，不要影響爾後教育，況且青年父母者，把節省下的精力時間，投入經濟建設，或許教育的投資，從經濟效益中回收，對家庭對對社會，都是有利而無害，這就是教育對社會的貢獻。

2.夜間部教育；爲應乎社會需要，夜間部的教育已實施多年，不過一般人仍舊落於學歷文憑觀念中，尚待改進，在成人學制全面改革後，必爲重要一部分，這就是配合社會形態的變遷，爲服務社會所做的教育改革。

（六）設立寄宿學校

中國大陸學校課程內容，與台灣不同，台商們爲爾後子女回台升學問題，在廣東自行集資設立了寄宿學校，採用台灣課本，聘請台灣老師，很遠的台商，都把子女送去就讀，假日可回家團聚，平時的食宿育樂讀書，全在學校掌握下，由老師管理輔導，除了身在大陸，仍能受到台灣的教育外，還有很多優點：

第一、可習得課本以外的團體生活規範，養成學生合群習慣，和諧與人群相處。

第二、同學間相處時間較長，增進彼此情誼，促進日後合作關係。

第三、老師督導，同學砌磋，學業進步較快。

第四、在輔導下生活，隨時糾正不良習性，降低社會不良影響，並養成正當生活習性。

第五、老師對學生考核，比較具體眞切。

第六、減輕家長管教煩惱。

反觀台灣地區，不也需要這些優點教育麼？

台灣富裕家庭很多，但事業繁忙，無暇照顧自己子女，如果我們有寄宿學校的設立，代爲管教，尤其在國民基礎教育時期（國小國中期間），學童們有良好環境，良好管教，將有良好成長，家長們也可以但放寬心，專心經營事業，這對國家經濟，人才培育，皆有良好效益。

很多鄉間偏遠家庭，子女通學太遠，尤其山區或偏僻地區，更爲困擾，學校既無宿舍，又無親朋可以托付，如果租屋居住，一則經濟負擔增加，二則學童年幼不能放心，此刻何不設立寄宿學校解決問題。

如今社會風氣敗壞，道德淪喪，無形中兒童也會受到影響，如果生活由學校管理，老師輔導，教以良好生活規範，不但可預防敗壞風氣感染，更將養成的優良習性，帶進社會，進而端正社會風氣。

我們的殷望：（目前以國民基礎教育學校爲目標）：

第一、學校家庭化，合情合理管教，使學童有快樂有溫暖。

第二、增進學業進步速度，比通學進步更優。

第三、作爲中華文化培育基地，最近佛教淨空法師，提倡教導儒家所尊循的「弟子規」，並作電視講解示範，如能在寄宿學校一一履行，將是最有效的推廣，成爲中華文化培育基地。

寄宿學校的優點很多，台灣社會極需這樣學校的設立，不過需要資金龐大，不妨成立「優化寄宿學校基金會」，接受各界贊助，尤其學校老師，以父母愛心管教學童，而長期以校爲家，學童日後必然產生懷念，對有成就的校友，鼓勵其回饋，希望蔚成風氣，將減輕政府負擔，如績效良好，或許成爲教育奇蹟。

總之社會在變，生活形態也在變，人們變得更加忙碌，甚至不願生育，我們的教育絕不能一成不變，普設寄宿學校，不但對家庭有益，社會有益，套一句經濟術語，這就是開發人礦的「基礎建設」，也是教育服務社會的基本責任。

（七）第二專長教育

很多電子產品一年一變，傳統產業轉眼凋敝，或是移向較低工資地區，新興的高科技及服務業快速發展，品質要求不斷提升，人們對工作變動快速，感到恐慌，於是再學習的需求增加，這是教育面臨的重大社會問題。教育如何讓人民緊跟時代鉅輪前進，如何教人民具備第二甚至第三專長，以應付快速的變化，乃教育的重要課題。

第一，修訂現有學制，取消學籍學位，以修習專長爲主，縮短學習時程，簡化入學規定，使每個人都能便捷地進入學校，學習工作上需要的新專長，或預備專長。

第二，設計成人學制，不論年齡級別，皆可進入所期望的專長學校或班級修習。

人們的第二第三專長，不能事到臨頭，才想補救，必須未雨綢繆，平時就有適當政策，顛覆的教改，便具備彈性應變能力，適合現代社會需要，也是教育應有的責任。

（八）教育保險

教育保險是配合學制革新而產生的社會安全保險，革新後的學制，除了小學國中，統歸爲國民基礎教育外，高中全改爲職業基礎教育，畢業立即就業，再向上一律改爲不同專長不同等級的職業教育學校以及研究學校，爾後都是工作一段時間學習一段時間，交替前進，直到老退，其中學習時段沒有薪資，則需教育保險的補助。

保險金額，視再次學習所需而訂，由個人薪資内扣繳，資方或可代繳一部或全部，但須經雙方同意，簽署約定書，學成回到原單位服務，如不想繼續升學，同時雇主也同意代繳保險金額，則個人與雇主皆可穩定工作崗位，不得任意流動，而員工退休時，將可領得鉅額教育保險金。這對社會安定，必有一定效果。

目前社會中大家庭制度已形瓦解，往日家庭的倫理道德逐漸消失，社會顯得不安，如果企業把員工視爲家人，充滿家族之愛，或可代替家族功能，優秀努力員工，予以培養深造，教育保險由企業支助，使員工個人，及企業本身，皆能獲益，這就是教育改造對社會的重大貢獻。

三、教育要向經濟負責

（一）今昔時代不同

教育與經濟發展有密切關係，道理極爲簡單，人人皆知，但至今沒有一人提議，教育要向經濟負起責任，尤其我國教育，似乎獨立於社會之外，不願與市俗爲伍，經濟部長常與工商領袖會晤，交換意見，從未聞教育部長接觸工商的報導，盡管兩者關係密切，只因制度如此，接觸亦無事可談，你經營工商，我努力教育，不相往來，教育工作者都深知教育的好壞，直接影響經濟的進步，不過大家仍緬懷往日教育對經濟的貢獻，仍舊停留在「影響」二字之上，終日埋首教育工作，把所認爲的教育工作做好，便已盡了責任，便能幫助經濟發展，尚未警覺到今昔已然不同，往日教育只顧培植人才，由於人才需求不多，少數即能領導社會治理國家，學生成績優良便是對社會重大貢獻；人口逐漸增加，社會有了進步，也不過擴大辦學，普及教育就足以應付，如今經濟繁榮社會發達，教育要竭力把人才與社會需求緊密配合，否則配合不良，將形成社會紊亂，經濟成長緩慢，這是今昔的巨大變化，教育增加了這項時代賦予的新責任，這項新責任，在執行教育任務的順序上列爲優先，我們的教育工作者，不能沒有認識。

(二)管理世代的要求

現代化的政府，猶如一具龐大機器，各部門必須配合密切，講求效率，經濟是政府機器中主體部分，因爲好壞將直接影響到人民的生活生存。中央政府設有經濟部教育部，看來都是平行單位，實際上經濟要向人民負責，而教育必須配合經濟需要，經濟不必向教育負責，倒是教育要向經濟負起配合責任，兩者之間，教育處在支援配合地位。由於往日是農業社會，或簡單的輕工業社會，教好學生，便是配合，如今主體機器產生變化，變成工商社會，發展高科技產業，複雜多端，各有專業，我們的教育，就必須跟隨變動，密切與經濟需求相配合，這是管理世代的要求，亦如齒輪咬合，運轉無礙，過與不足，影響經濟發展，教育自當負起應負的責任。我們把責任加諸於教育之身，乃是教育從間接影響經濟發展，進階到教育直接緊密配合經濟需求，使配合更具效率，加強了兩者關係，把鬆弛的組織更緊密化，符合管理原則。

（三）深入社會掌握人才需求

在農業社會裡，畢業學生沒有講求如何與社會配合問題，中小企業興起，也大部分爲勞力密集工業，多幾個身無一技之長的國中生高中生只是好事，並無多大負面影響，所以早期的國情下，延長國教，掃除文盲，使教育普及化，便爲當時的經濟起飛功臣，如今社會突飛猛進，沒有專長的學生，走入社會很難找到工作，如果我們的教育，依舊製造過剩又無專長的國中高中畢業生，只恐不是功臣，反成社會紊亂的製造者，成爲經濟要承擔的包袱，不幸，至今我們仍舊在製造紊亂中。

我們還須知道，如今國際競爭激烈，國家人力資源的運用，必須人人有適當崗位，個個都能發揮最大能量，才能促進經濟成長，與人競爭，因此我們不能盲目教育，必須深入社會，了解各行各業人力需求，包括專長類別數量等級地區分配等，做到供需平衡，過與不及皆要負起責任。這項任務，是教育前所沒有的工作，教育人員，要從認識時代任務，改變觀念開始，從中央到地方及各級學校，改變組織，修訂政策，把培養人才與需求結成一體，然後教育才能面向社會，服務經濟。

第一、劃分區域，由各區域內學校，分別調查相關專長人才需求，作爲各該校教育計劃基礎。

第二、各學校應增加編組，其一爲社會服務部，負責調查計劃及分配就業，其二爲教學部，以培養人才爲主。

第三、地區政府教育機構，負責指導協調調度責任。只有深入社會，掌握各行各業人才需求狀況，把教育所培養的專長人才，分送至各工作崗位，這才是徹底的向經濟負責。

（四）學制與經濟的配合

傳統學制，不足以與經濟齊步併進，學制的改革，將另有專章討論，此處僅提出少數關鍵問題予以說明：

第一、青年們初入社會，就必須走進經濟建設行列，不容許有徘徊摸索浪費時間，在國民基礎教育階段，相當於現行國小國中時代，就應有性向志趣等調查，適合工作評鑑，國民基礎教育完成，立即免試進入各適合的基礎職業學校就讀，人才專長與社會需求力求契合，畢業立即就業，人人從基層工作做起，這是學制與經濟初期的配合。

第二、我們要破除青少就業後便很難再入學校進修的傳統，教育繼職業基礎之後，更設立各種類別，各種層級職業專長學校，供工作一段時間後，再想充實的工作者入學，科學一日千里，經濟不斷進步，每個工作者都必須跟隨時代前進，然後才有最新知識最新技術，貢獻給經濟發展，各級職業學校有各種類別各種等級專長班級，入學從簡畢業從嚴，工作與進修交互進行，不管壯少，人人都可便捷進入學校，這是完全配合個人需要，也是配合經濟進步所設計的學制，取消現行學籍學位制度，一律改爲職業專長教育學校，進修時間縮短，但就學次數依努力者需要而增加，當人才進出於工作崗位和學校之間，盡量不要有阻礙，既容易入學，也容易回到工作崗位，這是教育配合經濟需要，也是向經濟負責的重要關鍵。

第三、各級職業學校，主要在教授專長，工作中有需要時便進入學校修習，然後再工作再修習，努力者進出次數必然增多，因此須有就學保險的配套措施，也要有工作與雇主間的契約關係，務使學習和工作皆無牽掛，使進步沒有阻礙，然後這樣的學制，才能向經濟負責。

第四、這樣的學制，還可調節經濟景氣循環中的人力供需，當經濟不景氣時，工作機會減少，企業紛紛裁員，造成經濟困擾，此刻各級職業學校，可吸納多餘人員入學校就讀，儲畜知識技能，等待機會，好再顯身手，這不但減少經濟困擾，更可安定社會，至於學校與工商如何使學生進出容易，將於另章討論。

四、教育要向政治負責

(一)普及人才教育

今日不只政府需要人才，民間各行各業皆須人才，高層有高層人才，低層同樣需要低層級人才，沒有人才不能進步。

1. 教育要使全國上下，處處都充實人才，不管高層低級，繁榮或偏遠，不允許有人力卻缺少人才的教育，今天監獄裡還沒有完備的教育制度，偏遠地區教育成效與都市差距甚遠，這充分說明我們的教育還沒有達到普及化，我們或許具有教育形式，卻沒有普及人才教育的用心，我們考慮了環境的困難，卻沒有考慮人民是平等的，人權是相同的，只要有人居住的地方，就有人才教育，才算普及。

2.教育要使全國之人，不論類別或高低，都成人才，我們可用考試等方式來鑑定分類或等級區分，以便分班施教，絕不能用考試分數作爲取捨惟一手段，然後擇優而教其餘捨棄，這不但違背有教無類原則，亦且背棄國家政治責任，因爲政府對待人民，沒有及格與不及格之分，然而今天到處都有違背現象，何止聯考一樁。

3.人人都成人才，但人人也要適所工作，因此教育要依據社會需要，適切導引各類專長供需平衡，達到人人有事做，事事有人做，而且人人事事適才適所，這是國家政治重要目標；往日教育，只顧培育人才，與社會配合並不十分密切，這是現代國家管理上不容許的現象，因此顚覆教改後，在教育任務上，增加了人力管理工作，增加了社會人才需求調查工作，以及建立就業秩序，實行計劃教育等，相信這些都是普及人才教育的基礎，普及不是數據的增加，而是處處有教育，人人成人才，適才適用適得其所，這是普及的眞正意義，也是教育向政治應負的責任。

（二）人才考評

依目前學制，強迫教育到國中畢業，已經九年時間，再加必須的職業基礎教育後，才能進入工作崗位，一個人初期教育至少十年以上，若論深造教育則時間更長，因此每個人與教育可謂關係密切，接觸時間久長，如此悠長時間內，教育很可以對學生個人資料，如性向志趣特長等，作深入紀錄及分析鑑定，好為繼續教育或作事業指引。

第一、學生個人言：可以了解自己本身優缺特長，可以掌握努力方向，茫茫人海，缺少指引，必定有一番摸索，那將是時間的浪費，甚至產生負面轉變。

第二、對社會言：人才的類型評鑑，並作充分掌握，則對社會各行各業的需求，可以有明確的答案。

第三、對未來言：可以根據人才的特質去開發特殊事業，也可以根據特殊需要去培植未來人才，製訂未來教育政策。

過去教育沒有一貫性的考評人才制度，但人人都要接受教育，只有考分，沒有評鑑，如今教育要爲社會服務，要爲政治負責，故有增加評鑑必要，尤其爾後終身學制實施，一生中不知要進出學校多少次，教育更有資格條件去紀錄人才考評人才，只有了解人才掌握人才，然後才可與社會需要相結合，這是政治所追求的目標；目前很多國中高中生畢業後，不知投向何方，常形成錯誤、阻滯、浪費和混亂，教育要向國家政治負責，就必須連續一貫的紀錄人才，考評人才，才德兼顧，好讓社會充分發揮人盡其其才功效。

（三）人力管理

每個人從幼小時代就要接受教育，長大成人要學習工作技能，事業發展要學習先進知識，終身教育制度下，接觸教育機會頻繁，教育又有一貫性的人才考評制度，那麼人力的管理，自然落在教育肩頭。

以往人們自由自在，自由工作，很少競爭，社會各行各業爭妍鬥豔各展所長，逐漸人口增加，社會繁榮，生活愈形緊張，變成爭先恐後，開始爭長論短，再往後就是爭權奪利，功利抬頭，道德淪喪，社會混亂不止，這些現象，宜從基本的人力管理上著手，方有效果。「國者人之積」，人人都在爭取生活，人人都要追求進步，但生活要有規範，進步的追求要有秩序，在工商發達，科學進步，人口增加，社會一天比一天複雜之下，若不講求人力管理之道，那麼社會混亂將不會停止。

教育對人力的管理是全部人力管理中的一小部分，例如培養人才，考評人才，講求全面的人才教育，都是人力管理上的基礎要求，至於導引工作，計劃教育，人才與社會需要的密切配合等，完全爲了工作與人才間的合理秩序，這也是人力初步的必要管理，各行各業自有追求進步的方法，個人的發展也有個人的理想規劃，只要在正確的軌道及合理的秩序下，任憑如何競爭激烈，將不會產生混亂。經濟有經濟發展計劃，國防有國防建設計劃，社會任何一項都有進步的軌道秩序，而教育就是人力管理的最基礎最初期的維護秩序工作，平實而言，全部的教育工作，都是國家人力管理工作，這些最基本的人力運用秩序，若能做到合理有效，必然影響各行各業的健全發展，這就是政治重大目標，教育不能沒有認識，也不能不負起此項責任。

這個時代無人無事不在競爭，由個人之間的競爭，到行業互相的競爭，而今國際競爭愈來愈激烈，以往人們爲了財富多寡而競爭，事業擴張而競爭，如今進步快速，基層人民要爲生活而競爭，各個企業，分秒必爭，爲避免淘汰而競爭，國家落後，便不能生存於世，所有人們都生存在恐懼中，國家政治，必須盡力設法，提升競爭力量，其中人力管理，便是重要因素之一。

就教育言，合理的管理人民，包括區分、培育、配合需要、引導至工作崗位，以及建立成人學制，則是配合時代腳步，適應個人需要，與社會需求，三者呼應調適的學制，全都是人力管理工作，前些時台灣大學有十三位女生，剛畢業便放棄所學做秀女郎，這就是教育對人力管理的失敗，事前事後皆有不當，這又何止教育資源的浪費。

其實人力管理就是教育本身工作，沒有良好的人力管理，怎有合理的教育資源支配，目前大學聯考，那種草率的選擇學生，又豈算是人力管理，只說是教育自私的做法。良好的管理，是什麼人就應該給予什麼教育，不合者給予其他適合的教育，或許教育資源的支配，有多有少，那是根據國家需要，社會的配合，個人志趣條件而決定，絕不是一次考試而定終身，在這國家，社會，個人，三者因素的綜合考量下，愼重決定，教育資源的支配縱有差異，但屬合理，是故必先做好人力管理，事前的區分要愼重，事中的教育培養要認眞，事後的引導至工作崗位要配合，這才是教育成功的基礎，如此也是提升競爭力的重要因素之一，這就是教育向政治應負的責任。

（四）建立就業秩序

1.從就業秩序紊亂談起：

就業秩序是本文的新鮮名詞，無人詳其內容，政府亦無專職機構，就業秩序的良窳關乎社會的安定，經濟的發展，以及國家的進步，目前就業情形都是各自爲政，各自設法，內政部經濟部勞委會等單位，分別設立了許多就業輔導處、職業訓練所，名目繁多，民間的職業補習班琳琅滿目，而教育部卻全然置身事外；另在職業介紹方面，私辦的介紹所、職業博覽會、人力銀行等，眞是五花八門，還不包括登報徵求、人情請托、名人推薦、金錢買賣等等，可算雜亂無章。很多年前一次行政院報告，約有廿餘萬青少遊蕩無業，近些年來不知有無調查，不過失業增加這是事實，這些青少失業者，是沒有專長？沒有機會？或是不願工作？在在都是問題，一般統稱爲就業問題，其實這不是就業問題四個字便足以說明清楚，其中就業秩序紊亂，才是癥結所在；就業秩序是要把所有需要就業人口，與社會各行各業人才需求，經過調查統計，對就業者予以計劃教育，有秩序的引導進入工作崗位，使人人都得到適合工作，使各行各業，皆能獲得適當人才，這就是就業秩序的要求，相信這樣的秩序建立之後，必然使社會安定進步。

2.教育與社會關係：

第一、以往教育只關注學生在校的考試分數，教育與社會似乎不相過從，今日的教育，除了關注學生素質外，還要關注畢業學生，走入社會的後效如何？有沒有就業機會？能不能勝任工作？倘若不去關注便不是負責的教育。

第二、這個時代，人人要經過教育的管道，再進入社會工作，教育如對社會各行各業的人才需求狀況不去了解，豈不形同盲目教育，因此，教育既了解社會人才需求狀況，又掌握了現有人力狀況，那麼引導人力走向工作崗位，應該是理所當然的事。

第三、就業秩序如此重要，而政府卻無專署管理機構，教育為工作性質所本，就應該負起建立就業秩序的重責大任，不只是教育最為適合，更因為教育掌管就業秩序，是為了貫徹完整的教育責任，是為了建立完全的教育制度，是教育本身檢驗成果的必要過程，教育不能沒有成果，教育的成果不是學生畢業時考試分數，而是進入社會，對工作的適應程度，這就是教育應向政治所負的責任。

3.學校爲人力供應中心：

目前各級學校，有所謂小學中學大學等區分，這是教育本位管理區分，難與社會需要同步前進，如今教育是以服務社會爲主要任務，學生素質是基本要求，教育特別講求如何服務社會；在學制上，將目前的國小國中階段合併爲國民基礎教育，除此以上所有學校，將全部改爲各級不同的職業專長教育或研究教育，以配合社會需要，只有專長證照，沒有學籍學位（將在學制章另有說明）；各級學校，劃分責任區域，供應責任區域內所需專長人才，社會需要各有不同，學校也有各種專長類別不同的學校，力求區域內人才供需平衡，學校成爲區域内人才供需中心，其要求有三：

第一、區域内所需之專長人才，分配由本校負責者，學校應事前調查其人數等級及需要時機，甚至對工廠企業機關經營狀況或特別要求，作深入了解，作爲本校招生及教育計劃依據，必要時對招生名額教育内容作適度修訂，以應社會需要，務使畢業即可就業，不容間隙。

第二、依每個學生學習成效，長期記錄考評資料，與適合工作方向的建議，建立完整的人才個人資料庫，可作校際轉移，以作爲謀介工作的參考。

第三、既有行業人才需求資料，又有人才個人專長等資料，就業的謀合是水到渠成的事，但必須尊重雇主，尊重個人意願，特別講求謀合方法。

如此學校皆爲社會服務，皆爲社會需要作計劃性培植人才，人人依需要而教，人人依志趣條件而學，畢業即就業，銜接無隙，上進梯階隨時便捷，沒有學籍學位階段區分，完全依專長配合社會需要，這豈不是最完美的就業秩序！若把就業秩序做到建全完美，將對國家社會莫大貢獻，這就是教育向政治要負的責任，無可推卻。

五、教育要向文化負責

(一)教育的時代使命

1. 中華文化受到衝擊：

這個時代競爭激烈，不競爭就被淘汰，人人爲利忙過不停，於是功利主義盛行，價值觀念轉變，長久以往，社會道德淪喪，綱紀廢弛，光怪陸離事件層出不窮，詐騙搶奪，亂倫殺親，社會嚴重生病，有時看到不良青少橫行鄉里，往往嘆息教育失敗，然而傳統的教育，有一定的時限，一定課本教材，老師們在課堂中認眞教學，除外還能做什麼？蓋社會風氣敗壞，好學生也會變成不良，我們憂心社會的沉淪，更憂慮的則是中華文化影響力的下降。

中華文化不會降低本質價值，但因爲受到時代不良風潮的衝擊，減弱了她的影響力量，目前我們既無發揚中華文化專職組織，又無護衛的措施人員，只靠每個人堅持傳統抗拒歪風，意志薄弱者便很容易受到侵害；中央政府設有文化建設委員會，對特定國寶級文物保持發揚不遺餘力，而對社會風氣轉移則影響輕微，另各級政府皆有社會教育政策，也是效果有限，只有宗教團體，在努力淨化人心工作，對防止社會沉淪有一定功效；教育單位還在孜孜不倦培育幼苗，最近已發生國中學生，在課堂上追打老師事件，無疑的我們固有中華文化受到莫大衝擊，難以抵禦。

2.擴大教育任務：

文化無所不包，教育無所不教，國家設立了系統的教育機構，投入龐大資源，用意就在教育全國人民，促進國家社會的進步，今天社會沉淪，人心不古，中華文化受到嚴峻衝擊，教育有責任負起發揮文化來拯救社會，本於促進社會進步發展的使命，擴大教育範圍，增加教育任務，去面對社會，醫治社會之病，因爲只有文化才有足夠力量，只有教育才能啓動文化振興。

自古至今，教育便不停地擴大範圍，增強教育責任，以應社會需要，私塾時代人才需求不多，教育規模很小，今天社會繁榮，人人需要教育，不得不擴充學校，加重責任，縱然如此，轉瞬又不敷需求，人人不只幼小青少時期需要教育，還須延續到壯年老年，直到退休前所有成人，時時給予教育，因爲今天所學，明天又形落伍，人生工作不停，也要學個不停，現在學校綿密如林，參與學習的人數不斷增加，學制也要改成終身學習的成人學制，教育對象包括了所有國民，學校與社會合成一體，擴大了教育範圍，加重了教育責任，這是時代趨勢所形成，想不擴大也不能。

3. 建立文化道統體系：

中華文化既受衝擊，教育又需擴大範圍加重責任，我們代代相傳的中華文化道統，就應該振興起來，發揮力量拯救社會，目前政府機關，除了定期祭孔外，別無常設機關，有計劃的推動道統文化，道統文化只是長期無形的蘊藏在民間每個角落，每件事物，每個人的生活言行中，有時遭遇黑暗時期，社會動盪不安，便會減弱中華文化的影響力，政府若有固定的常設道統文化推廣機關，當關鍵時刻，需要中華文化發揮功能時，必能適時產生力量，是故成立中華道統文化有形組織，負責推動文化建設，有其必要性。我們的教育界，本就是文化尖兵，有龐大的老師陣容，可依現有的行政系統，成立各級中華文化道統編組，以推動固有文化拯救社會，其工作內容：

第一、宣揚中華文化，端正社會風氣，發揚文化光輝。

第二、協助社會舉辦各種文化活動。

第三、以固有文化做基礎。結合現代的公民生活民主規範，營造健康守禮社會。

第四、推動倫理道德教育，糾正不良風俗習慣。

第五、製訂社會教育政策，創造積極性社教模式，讓村里人民，皆有定期教育性文化活動，人人參與，有如基督的禮拜、佛教的參禪，使成精神凝聚中心。

中華文化道統組織的成立，將把學校的文化教育，與社會的文化教育，相互交流，把現行社會教育體系及內容，轉移至中華文化道統組織掌管，充分利用學校設施師資，及學生志工，積極推動社會教育工作。

目前因爲沒有中華文化道統組織，各地宗教教育活動甚爲普遍，政府絕不要依賴宗教來安定社會，而本身卻無有文化教育政策，靠宗教自由的發揮下，去掩飾自身的無能。我們有優越的中華文化不加發揚，任由社會沉淪，這是政府官員的嚴重失職。

(二)為人師表樹立典範

1.身教爲先：

所有教育人員，都是文化工作者，既爲文化導師，不管公私場所，生活言行，皆應該爲社會表率。中華文化一向身教重於言教，在今天社會沉淪日益嚴重之際，教育人員要爲中華文化豎立典範，以爲中流砥柱。社會中成功的企業，及政府官員，都有他們奮鬥目標，和成員戒律，包括私人行爲的約束，我們教育界的文化導師，自應有更嚴格的自律戒規和積極文化典範要求，希望人人在社會中，都能處處以身作則，引導社會走向光明。教育人員都必須佩帶文化導師胸章，作爲社會典範標桿，這不只是個人榮耀，更代表中華文化的驕傲。

2. 立國支柱：

建造房屋，必須有堅固的支柱，才不怕風雨強震，支柱的豎立，要靠砂石混凝土，以及堅韌的鋼筋；一個國家立國於世，同樣需要支柱，國家的支柱是靠健全的政府組織、優良文化、以及擁護國家的人民等，其中教育人員則是立國支柱中的鋼筋。因爲教育人員，從事文化的教導工作，經過文化火爐的提鍊，鑄成文化典範，較一般人更爲堅韌，不怕風雨強震，國家有了這樣的鋼筋支柱，必然能夠抵擋衝擊，屹立不搖。立國支柱不是單獨要求教育人員來承擔，有了鋼筋其他砂石混凝土同樣重要，只有凝結在一起，才能產生相乘力量。不過鋼筋爲支柱的主體建構，我們不能不期許教育人員，亦如軍人爲保國衛民抱定犧牲精神，貢獻國家，國家不能沒有支柱，支柱不能沒有鋼筋，這個時代，注定要造就偉大的教育人員。

（三）建立權威

1. 教育責任重大，必須處處領先，處處追求權威。就人才言，不論學識技能品行道德，皆應向第一流人才標準去培植，不以考試及格爲滿足。

2.知識技能方面，各個領域，各個階層，皆要不斷追求進步，不斷追求領先，有了領先基礎，才能培養優秀人才。今日已是地球村的時代，我們的領先，要以世界爲目標，如果項項有領先，則行行有權威，必然處處有力量。

3.促進進步，包括人才一年比一年有更多優秀，學術技能領先指標年比一年更爲上升，社會一天比一天更爲進步，必須時時檢討，各項進步速度效果，是否超越其他，達到領先，具有權威地位。

我們不是迷戀權威，只因這個競爭激烈時代裡，如果不追求領先就是落伍，就被淘汰，沒有權威就沒有力量，永遠受制於人。教育是促進社會進步的第一線，不能沒有追求領先，爭取權威的使命，時代不容許我們怠忽，滯慢，和絲毫苟且。

(四)社會先鋒學術裁判

1.社會先鋒：社會不能沒有文化，若優質文化增加，劣質文化必然減少，反之，黑暗時期到來，劣增優減，社會日益混亂，人們指望司法做爲社會正義最後防線，但無論如何，已達到最後階段才是防線發揮功能時刻，而社會傷害已造成。我們的社會，誠不算短的時間在逐漸沉淪中，價值觀念轉變，道德淪喪，犯罪不斷增加，政府努力約束防範，但上有政策，下有對策，始終難遏沉淪趨勢，在眾所期待下，惟望文化發揮力量，端正社會風氣，既有司法做社會最後防線，那麼我們的文化力量，就該是社會先鋒；消極而言，可以防患未然，積極而言，優質文化的增加，能使劣質文化消滅於無形，帶動社會提升文化層級，成爲高度文化社會。我們的教育有責任推動文化力量影響社會，做一個文化尖兵，教育應該呼應時代需要，衝破傳統走向社會，爲社會負起教育責任，爲經濟發展負起配合責任，爲政治負起人力運用的秩序責任，自然也要爲文化建設負起責任，把固有中華文化宏揚到社會每一角落，不讓劣質文化有滋生空間。

2.學術的裁判：

文化包羅萬象，教育責任無所不在，傳統的教育，只限於學校之內，現代教育擴及全國人民，無論生活小節，尖端科技，無不源自教育，由於教育內容，正確客觀，故教育受到社會信任，受到大眾尊敬，具有學術的社會地位。

社會中有些遊走法律邊緣，有些假借學術宣揚，假借道德振興，假借民主自由，混淆視聽，別有用心，政府往往取締無力，輿論無效，甚至黑暗時期，連政府官員，民主殿堂，新聞各界，都受到汙染，是非不清，黑白不明，此時此刻，若沒有足爲人們信賴的學術，來做公正裁判，明定是非黑白，則社會將混亂不止，舉例而言：

第一、今天的新聞界，往往報導不實，主觀渲染，雖有政府監督單位，有時因法律邊緣，或政治考量，未盡發揮功效，學術團體、各學校新聞科系，就應該挺身而出，爲維護新聞學術的尊嚴，以正確的新聞學術觀點，予以批評糾正，勿讓新聞文化蒙塵。

第二、國會殿堂，常有打架滋事情形，對政府官員極盡羞辱能事，民主時代，人民爲主，政府官員皆爲公僕，中華文化有容許主人對家僕，有如此羞辱麼？我們的文化單位、學術團體，爲何沒有批判糾正？是存曖昧心態是沒有勇氣？還是學術程度不夠未達權威地位？我們的教育應該努力把學術尊嚴建立起來，學術尊嚴就是教育尊嚴，然後才能充當社會裁判，這不是法律裁判，不是政治裁判，也不是學術團體的裁判，這是中華文化的聲威，用文化來平亂，拯救社會，這是教育應有的使命，也是全民心願。

第二章　顛覆的觀念

一、服務的教育

(一)角色轉換

古早時代，私塾學校只以培育人才爲目的，非常單純，如今社會進步，與古早不可同日而語，可是我們的教育，無視社會如何變化，依然埋首以培養人才爲目的，與古早並無二致，雖然學校數量增加，水準提高，埋首培育人才本質未變，各級學校努力教育，猶如一座工廠，源源出產優良產品，希望爲社會所歡迎，學校似乎就是「製造」優秀人才的工廠，教育不過是製造者。

然而時代已然變遷，這是一個民主時代，所有公務人員都是人民公僕，公僕所有工作都是爲民服務，教育已不是製造業者，而是時髦的服務業，製造業重視產品，爲自己的產品負責，服務業則是爲滿足人民需要，除了增進人民的知識技能外，凡與教育相牽連因素，都須一併考慮，故教育考量範圍增加，責任加重，不單純以培養人才爲目的。由於人口增加，社會繁榮，今天人人都必須仰賴教育才能立足社會求取進步，教育的澈底普及，成爲今天考量的重點之一，畢業學生與社會需要是否配合，這是另一考量重點，諸如此類問題，都是今日教育新增加的考慮因素，教育的本質已經改變，教育要以服務社會服務全民爲目的，教育不再是單純的製造業者，已是不折不扣的服務業。

（二）教育以服務為目的

以前傳道授業解惑之説，著重在部分自我功能的説明，其對象針對個人，今天這些功能仍然需要，不過對象是所有國民，當教育面對全體國民時，那是一個集體的對象，就必須考慮互相間的牽連問題，個人與社會間配合問題，教育功能自然也增加許多，全國之人，無論貧富貴賤，尤其弱勢人群，人人都需要教育，所以今天的教育，負有社會責任，經濟發展競爭激烈，教育負有人才供需配合責任；爲建立完整的教育制度，教育要管理就業秩序，講求與社會密切配合，故教育要向政治負責，這些種種責任，往日未加重視，事實也沒有重視的必要，而今卻成爲教育的主要責任，駕臨於只爲培育人才之上，誠不是傳道授業解惑的功能所可全部概括，現代教育要爲社會、爲國家、爲全民服務爲目的。

（三）服務的制度

1. 學制要改革：目前所謂小學中學大學，全是教育本位下，爲便於自身管理的區分，不是爲服務人民而區分，過去教育只顧培植人才，優秀人才從小學中學而大學，青雲直上，形成了升學主義，那是教育主觀下的培才觀念，不能與社會需要同步前進，社會中沒有那一行業需要學籍來幫助工作，都是靠專長進行工作的推動，因此全部學制要改變，除了小學國中，合併爲國民基礎教育外，高中以上到大學，全部改爲種類不同層級不同的專長學校，或研究學校，不依學籍作階段區分，全以教育專長爲主，配合社會需要，彈性調整，縮短每次學習時間，增加學習次數，學校與社會行業，建立互動關係，使學習與工作交互前進，同時各學校劃分責任區域，負責區域內相關專長人才供需平衡，這樣的學制，可說完全配合社會需要的學制，也才是服務社會的學制。

2.行政編組要加強：目前國家最高教育機關——教育部，有所謂高教司中教司等的設立，這明顯也是爲了自我管理方便所做的區分，不是爲民服務的編組；社會上有士農工商等職業，卻沒有爲這些行業服務的組織，或許現代行業分類複雜，那就邀請專家予以合理歸納，總以便於教育的服務爲目的，其工作重點：

第一、調查社會各行各業人才需求狀況，作爲計劃教育參考，使教育密切配合社會需要。

第二、依據國土規劃，經濟發展等，做好教育的地區劃分，每一區域内包括學校種類數量招生員額等合理配置。

第三、根據國家發展政策，研究未來人力運用趨勢，擬訂近程中程遠程人力培育計劃，以應時代變化。

第四、由於現代教育，包括了全部國人，每個人都需要經過教育管道才能進到工作崗位，是故教育要掌握全國人力運用管理計劃，以求進入學習進入工作崗位秩序化。

以上僅舉數端，教育總部的編組需要加強，要以服務爲宗旨，行政管理固然重要，但要以遂行任務，達到服務人民爲前題。

至於其它各級政府教育機構的編組，可比照中央編組精神適切編組之，不過另需增加地方性業務，如校際間招生協調，地方企業教育要求的處理等，皆需地方教育機關發揮功能，才使爲民服務工作圓滿。

3.增加學校編組：各級學校乃是各地區內，特定專長人才的管理中心，負責培育及供應各該學校專長人才，各學校負有服務社會應有責任，以往學生畢業便送給社會，任由浮沉，如今要進一步爲民服務，必須把畢業學生送到工作崗位，使社會人人有秩序的就業，這才是徹底的爲民服務，因此學校在招生之前，就應有社會相關人才需求調查，以作學校招生名額的決定，教育計劃策定基礎，畢業自然順利的進入工作崗位，這也是教育本身必須落實社會的工作，是故各學校除了培育人才提高素質外，還要增設服務社會的編組，這增加的編組，是要負責學校與社會關係的建立，調查區域內相關專長人力需求狀況，學生至各行各業實習事務，學生畢業就業分配工作等，學校成爲地區內人力供需調節中心，也是教育最基層的服務站。

二、打破教育王國迷思

（一）拆除教育王國藩籬

我們的教育界，人人都在孜孜不倦埋首工作，外界俗事少有過問，在制度上建立了小學中學大學的學術體系，可算是學籍梯階，使學生好逐階爬升，除外更建立了學位榮銜，有所謂學士碩士博士，步步高升，各級學校認眞努力，總想成爲明星學校，著名學府，國際聞名，因此教育界忙的不亦樂乎，以往的時代背景及其需要的不同，教育界的風氣形態，可以說自然形成傳統，不能說完全錯誤，只是今日時代變遷，很多已不能適應此一時代的需求。

以往學校對待社會的態度，是合則來，不合則去，學則教，不學則棄，不向社會負責，只向學生考試分數負責，甚至連學生考分也不負責，任由學生努力程度作決定。那些層層高升的學制，只爲培養人才，不與社會需要相配合，形成升學主義，忽視了社會責任。自設了學士碩士博士學位榮銜，不過是塑造學國英豪，作學國爵位的贈封，與社會毫無關連。

如斯教育建立了本位管理系統，又自立了學籍學位系統，教育人員也少管社會俗事，完全自立門户，脱離社會，一心爲教育而教育，基本上缺少爲社會服務的基因，這是一個不折不扣的教育王國，大家都沉醉在這教育王國的迷思中，難以走出王國藩籬，新時代的來臨，教育不能不走向社會，不能不與社會密切配合，爲社會而服務，多少年來，教改的呼聲都來自社會，我們必須打破教育王國迷思，折除教育王國藩籬，才能走向教育改革的第一步。

(二)教育掛帥時代來臨

我們常説時代不同，到底有何不同?常有含糊，以往教育以培養人才爲最高目的，選擇優良，培養優秀，便已盡責，如今不止把所教育的人才，達到優秀爲滿足，還要使全國之人皆爲人才，皆成優秀，則目前各學校的招生方式，類別的區分技術，皆須變革，除外還要配合社會需要而教育，預作調查，計劃教育，這些就是天大的不同，在這天大的不同要求下，教育要向社會負責，不管貧富貴賤，賢愚不肖，人人都要盡各種方法給予教育，教育要向個人負責，必使每個人的學習潛能達到極致，然後方能發揮競爭力量，教育要向經濟負責，使經濟需求人才供需平衡，教育要向政治負責，建立就業秩序，人力運用適切而不紊亂，教育要向文化負責，除強化中華文化，防止社會沉淪外，更要建立各個領域的學術技能領先權威，創造文化進步動力，這些都是新時代不同下，加諸於教育的責任，今天教育範圍擴大，教育責任加重，教育的重要性，千百倍於往昔，不可諱言，這是個教育掛帥時代。

(三)廢除學籍學位

現行的學籍學位，本是鼓勵向學的好制度，只因今日教育不止於鼓勵向學，更要擴大範圍，全民都需要教育，講求如何與社會相配合，成爲教育工作的重點，今天科學進步一日千里，教育與人民的生活，社會的發展，經濟的成長及國家競爭力的提升息息相關，因此教育不能不把社會配合問題列爲優先任務，我們不要再用傳統觀念，把「教育」兩字看成「課堂上課」那樣單純，事實上「課堂上課」就今日而言已不是單純問題，教育的對象，人數的決定，內容的選擇，時間的長短，自何方而來，又往何方而去等，都要在上課之前從詳規劃，這些規劃也不是自我主張下所能決定，所以今日的「課堂上課」，要密切與社會需要，人民要求相配合，至於素質的精進，標準的要求，那是上課老師的職責，已不全然是校長的責任，教育已提升了無形位階，要向國家社會整體的進步，負起直接責任，我們主張廢除學籍學位，是爲了配合社會需要，不是否定學術技能的價值和等級地位，廢除學籍學位是追求進步。

今天社會上有士農工商等行業，每個行業需要的是相關人才的專長，不是學籍學位，這些專長細密複雜，也不是小中大學的學籍區分，可以契合相當。

今日企業對人才運用，精打細算，有一人具多項專長，或一項專長多人工作，變化多端，與時相異，往往爲配合需要，企業對新進或原有員工有自行訓練計劃，這說明現行教育學制，過於刻板，缺少彈性因應能力，難與配合。今日進步快速，教育宜以較短時間學習專長爲主，然後工作與學習交互前進，好與時代腳步同進。

傳統的學籍學位，乃進學的階梯，原無配合社會需要的因素，往日誠是良好鼓勵制度，如今似與社會需要格格不入，時代要求今日教育要與社會配合，因此不得不作顛覆修改，廢除傳統學籍學位制度，打破內容時限的學籍區隔，改以專長爲主的學制，彈性配合社會需要，使教育與社會接軌與個人志趣相連。

（四）證照取代學籍

改革後的國民基礎教育學校，相當於現行小學國中的合併，畢業後免試進入基礎職業學校，畢業即擁有相符的專長證照，立即就業，證照代替了畢業證書，爾後不斷工作，也不斷進入相關學校進修所需專長，入學從寬，畢業從嚴，直至老退。

社會中各項工作，都必須分門別類，建立證照專長名稱，與證照相契合，同時樹立證照社會地位，確立證照制度，沒有證照不能工作；教育根據社會所需要的專長，從事教育，並嚴格鑑定證照資格，學習者以專長證照爲修習目標，擁有較多以及較高深證照並有較多相對經歷爲榮，不再以學籍學位爲努力目標，如此教育將更貼近社會。

教育若捨棄學籍學位，而以證照專長爲教育目標，將可消除升學主義，將可做到「知」「行」相輔並進，將可直接服務社會，將方便推動成人終身學制，配合時代潮流。

（五）保留進學精神

本來學籍學位有鼓勵進學精神，縱然形成了升學主義，也是後來社會變遷所引起的不適應症，較早時代鄉里產生了高學歷人士，碩士博士頭銜高掛門前，鄉里莫不引以爲榮，後進視爲模範，只因教育發展快速，轉眼高學歷畢業者急速增加，再基於學籍學位形成學習虛榮，不得不取消學籍學位制度，但一夕之間取消了舊制，又無更妥貼的鼓勵新制產生，只恐減弱進學精神，這是眾所不願，因此如何去了舊制仍能保留原有進學精神，誠需集思廣益。

依拙見可用師傅、專家、學者、教授、權威等名詞，加以正式界定，區分等級，代替學籍學位的榮耀，由各級政府頒發證書，賜予榮譽狀，以示鼓勵，這些名詞都是從學習與工作中交互前進累積而成，不同於學籍學位僅限於學習成績，是經過學歷經歷千錘百鍊中造就的人才，是國家社會的中堅，相信這樣足以激勵士氣，發揚進學精神，從學習和工作中，綜合績效產生學術榮耀，是教育與社會的結合，還望更多提供智慧，提出更貼切名詞和區分方法，作爲學術榮耀代號，讓進學精神永遠不息。

三、「知」「行」相輔的教育

（一）行而後真知

我國早就有「知行合一」的學說，「知」與「行」相輔的教育不是新鮮發現，但我們目前學制，從小學到大學總共十六個年頭，才能修習完畢，其中如有補習重考以及深造進修碩士博士等，都在二十年以上，這一完全以學習爲主，沒有「行」的配合，不間斷的長期學制，須要顛覆。

教育是教授「知」的部分，學生畢業走入工作崗位，便是「行」的開始，若教育內容不能契合社會需要，不能在工作中適當應用，那便不是成功的教育，所以「知」與「行」必須相輔而行；一位博士連續求學二十年以上，沒有工作上實務經驗，相信這不是一位完整人才，很多大學畢業生說「學校課程偏重理論，與實務有些距離」，也有企業家說「我們不重視學歷」，甚至有位企業家說「會讀書的孩子不見得會做事」，這些充分說明了，長期埋首苦讀與社會實務有脫節現象，社會也常有人談論某官員從基層幹起，言下對具有實務經驗的高官特別尊敬，實務經驗誠是一個完整人才必須條件，猶如一種新研發的藥品，雖然理論上及實驗室中證實有治療效果，但未經人體試驗，怎可用作正式藥品，因此爲了完整人才的本身健全，爲了教育要向社會負責，必須講求「知」「行」相輔的教育，「行」而後才有眞「知」。

（二）尊重工作地位

社會一般人都以升學爲榮，鄰家子弟未考取大學因而就業工作，大家都感到惋惜，這固然由於升學主義的虛榮，但也是忽視工作的重要，工作就是「行」，就是發揮所學，不工作那知所學是否適當！是否足夠！是否良好！

工作不只是了解與「知」的關係，更可體認學習需要，「行」而後知不足，這種從工作中產生的學習慾望，彌足珍貴，可惜我們沒有「知」「行」相輔的教育，很多學生常因其他因素所迫，進行長期違心苦讀，缺少自發的快樂學習心境，效果降低，教育也要多費心力。

工作的可貴是腳踏實地，按步就班，從點滴中累積成果，沒有工作不能成事，任何績效和進步，其推動力皆靠工作，學習永遠不能代替工作，只有工作才能證實「知」的存在，今天社會不尊重工作，只想不勞而獲，於是投機取巧，竊盜横行，青年學子不尊重工作，只想一路升學，一步登天，我們的教育也不尊重工作，一味塑造學位榮耀，製造升學主義，沒有把工作看在眼裡，甚至視工作爲「下品」，這種背離工作的現象，對社會風氣影響至鉅。

今天教育政策，只重視青少時期選優培才，相對因考試落榜投入工作中人員的教育便遭到忽視，近乎放棄，尤其基層工作者，包括黑手階層，年齡較輕，初試工作，待遇偏低，個個都想向美好明天努力，這些人都在人生起跑點上，都是未來優秀人才的候選人，而因一試定終身的制度，不幸墜入深淵，永難翻身，這不單是他們本身的遺憾，也是國家教育資源分配的不公，他們不是不能接受教育，而是缺少受教育機會，國家沒有建立「知」「行」相輔的教育學制，因而不知道戕害了多少人才。

傳統的觀念必須改變，每個人不管齡層若干，不限基層中層高層，各期間因工作的需要，都應有受教育機會，不必集中於青少時期，活到老學到老，初級者教以初級內容，讓人才走入工作行列，透過工作表現，對優良並努力上進者再行深造，然後再工作再教育，這樣交替前進，由初級中級直到高深教育，擔任國家社會棟樑工作，這樣一個澈底而全面的成人學制，首先就要尊重工作，我們要特別提醒，人才不是單方由教育培養出來的，眞正人才是工作中的特出者，優秀人才必有優秀工作表現，只能說優秀人才中含有優良教育因子，在培養人才的過程中，教育不能以單獨學習成就，用學位榮銜來作表揚，學術若離開工作表現便容易脫離社會，鼓勵走上象牙塔尖。

(三)教育高度

人們都不知道什麼叫做教育高度，我想提高教育要求，就把它叫做教育高度吧！例如老師上課，除了課程內容講解清楚外，更要求學生充分吸收，總使爾後工作中能運用自如，這是老師超越了課堂之上，顧及到爾後工作中的運用問題，可算是老師的教育高度，校長則希望畢業學生，人人都是工作中人才，都足以配合社會需要，至於國家最高教育機關其高度又是什麼？我想應該把視野擴張到全國，把要求提高到貢獻整個國家的進步上，因此要把社會上所有工作崗位的工作人員，和在校學生，全都視爲學生，所有公私工作場所，皆爲學生實習場，全國如同一所大型學校，所有現行學校，改革後全成終身學制學校，不管齡層如何，不論層級高低，都有適當學校或班次，便捷的進校修習，畢業立可工作，修習專長爲主，不把學位看在眼裡，只把工作放在心中，學校和社會打成一片，水乳交融，在這樣的情景下，教育與各行各業的配合，必然更爲契合；工廠需要教育的協助，教育需要工作的體認，如此把「知」「行」連接起來，相輔相成，這種全國一體的大型學校觀念，才是教育最高機關應有的高度，全國之人都在教育中，全國之人也都在工作中，學習與工作不斷循環，不斷進步，「知」「行」相輔前進。

(四)責任重疊

教育與社會各行各業配合方式很多，責任重疊乃其一例，一所工廠的經營，自然以企業主爲主，業主講求管理，使人員機具發揮最大功能，同時教育當局又把此一工廠視爲學校的實習場，工作人員視爲實習的學生，其中人員的專長等級適應問題，工作方式的配合問題等，若因教育的疏失或不足，則教育就該負起責任，並行改進，使「知」與「行」相輔完美，這就是責任的重疊。

現代的學校不再是衙門，學校爲了配合社會服務社會，必須有彈性應付的能力，這是教育改革中重大變革；目前各級學校，一切規章制度，刻板固定，數十年如一日，完全不在乎社會的變遷，教育只爲教育負責，不知如何向社會負責，我們必須改變學校體質，除增加服務社會的編組外，還須捨棄那些學籍學位的固定要求，以專長培養需要，社會工作需要爲主，賦予校長或地方教育主官適當權力，以彈性調整教育內容、修習時間、開學畢業日期的變動，不必集中全國同一時限之內等，然後校長才能把責任推進到工廠，推進到社會，實現「知」「行」相輔的教育制度。

（五完整人才貢獻社會

再多的學問，不能服務社會，便不是貢獻，再好的教育，不能使人才貢獻社會便不算成功的教育；前些時新聞報導，行政院閣員多數爲高學歷人士，號稱博士內閣，終因民意支持度下降而更換，這充分說明實務的重要，也是未經「知」「行」教育過程的結果。

最近司法院長更替，社會一致希望司法改革，有人說一個大學法學系畢業，再經一年的司法官訓練，便可擔任法官，這樣一個涉世未深二十餘歲青年，來審理判決社會千奇百怪的糾結，似難勝任，然則從何改起，無人知曉，我們若把學制徹底的改成「知」「行」相輔制度，法官的產生，先從法院基層官員做起，逐漸進入學校修習，再回到法院工作，待學歷經歷，具有一定過程，然後產生法官，相信可以改善目前現象；大學法學院四年，再加司法官訓練一年，共計五年時間，可作分期教育，時間內間以相關工作經歷，如此數次交替成爲法官，必爲完整人才，相信較目前一學成「官」，要建全許多，同時綜合了工作經歷過程，對能力的表現，品德的考驗，專長的適應等，皆可作下一階段派職參考，這不就是「知」「行」相輔之功麼！

不久前曾與一位區公所里幹事閒談，發現基層公務員很多優秀，本份工作勝任愉快，而對日後前程卻一片暗淡，缺少升遷機會，如果我們實行「知」「行」相輔學制，里幹事不必太高學歷，具備勝任專長即可，但有深造機會，努力工作一段時間，再去學習一段時間，只要工作績效優良，學習成績優良，在工作與學習交替機制中，必有晉升機會，如此人人抱持希望，基層人事不再是一塘死水，以後社會局長、內政部長，皆是里幹事逐步升任，這不僅活潑了公務人員升遷制度，也提升了公務人員素質，這樣的素質，是學業與工作經歷併步俱進的素質，是眞才實學的完整人才素質，沒有「知」「行」相輔學制，難以呈現。

四、維護人性尊嚴

(一)目前教育缺少人性尊嚴

較早時期人才不多，卻是受到社會尊敬，爾後學校數量增加，人才供應源源不斷，於是對人才的尊敬逐漸降低，有時人才過剩，大學畢業後工作難尋，畢業竟是失業，其本身固然感到抑鬱，左鄰右舍七嘴八舌，甚至受到奚落，學校既不管畢業以後的事，社會又缺少妥善照顧，只得任其自求多福，基本上這就是對人才的漠視，對人性不夠尊重的態度，然而我們的教育，依舊一年一年的招生，一批一批的畢業，不在乎社會的反應，不僅如此，學校把畢業學生，源源送進社會，猶如「貨品」供應市場，「貨物出門概不退換，銀貨兩訖各不相干」，這些「貨品」進入市場，任由企業「選購」，優者價貴，遜者價賤，稀者高薪挖角，眾者殺價取優，現「貨」交易，人才與貨品買賣無異，一些經濟學家只認經濟，欠缺人文素養，也主張人才供應，隨市場供需而調節，把人也當成貨品看待，於是人性尊嚴不得不受到傷害，價值觀念轉變，功利主義盛行，能不天下大亂！教育不能把責任完全推給社會，人性尊嚴的傷害追其根源，還在教育本身。

1.教育事前沒有作社會人才需求的調查，教育原就沒有調查的制度，如今亦沒有準確資料，更沒有想到教育如何與社會需要作密切配合問題，教育只管埋首教育培育人才，於是社會大才小用，小才大用，學非所用、有才無用比比皆是，有時人才過剩，畢業即失業，這不都是人性尊嚴的傷害！這不都是教育只向教育負責，不向社會負責所致，如果都能適才適教，把社會需要和教育計劃做到一致程度，使畢業人才皆能適才適用，相信人才尊嚴仍舊會受到尊敬；現代教育應建立一貫的責任制度，從徹底的因材施教，到社會人才需求調查、計劃教育，把每個人才送到工作崗位，建立就業秩序，如此不但可維護人才的尊嚴、學術的尊嚴、以及教育的尊嚴，這是今天教育所欠缺。

2.教育不去密切配合社會需要，只顧源源培植人才，因而人才猶如貨品，一般商家貨品還知道市場調查，美化包裝，講求推銷技術，如今的各級學校多爲「公營事業」，缺少對「貨品」出廠後的用心，不管什麼高學歷高失業，還有身無一技之長的國中高中畢業生，源源不斷送入社會，由於就業困難，不少走入不良青少之途，這已不是把人看成貨品，而是這些「貨品」已變成垃圾，難道教育毫無責任？由於現行教育只把青少當成原料，進廠加工製造，完成後貼上出廠證明，然後送出校門，以後的事概不過問，教育本身就以「貨品」看待，那還有一貫性的人性教育制度！那麼畢業的人才，又怎不遭到人性尊嚴的傷害！

3. 前些時台大當屆畢業生中，有十三妹放棄所學，去擔任秀女郎，台大李校長認爲不妥，隨後有人反嗆職業自由，一時社會討論紛紛，終無結論，像這樣維護了職業尊嚴，卻失去了教育尊嚴，如果十三位秀女郎並非專業，就業後半途遭到批評淘汰，則又將喪失個人尊嚴，這連串尊嚴喪失，其始作俑者便是教育，開始就沒有尊重個人的性向志趣，沒有徹底做好因材施教，當然說來話長，這也不是台大校長或學生個人所能單獨做到，諸如升學主義招生方式等，都須牽一髮而動全身的改革，不過今日教育缺少人性尊嚴是事實，教育從來沒有學生個人性向條件的調查紀錄和評鑑，在升學主義彌漫下，青年們往往身不由己，環境如此，招考制度如此，想要徹底的因材施教並不容易，同時事前沒有社會人才需求調查，畢業又沒有良好的就業秩序，任由青年們到處摸索試探，美其名曰奮鬥，事實上這是一個從頭到尾，從個人差異，個人志趣到畢業工作機會的照顧，都沒有受到尊重的過程，這是一個缺少人性尊嚴的教育制度。

（二）民本教育

1.中華文化以民爲邦本，教育要站在人民立場去思考教育問題，例如爲民服務的觀念，就是基於民本觀念而產生，教育的爲民服務，不是短暫的在校學習期間的服務，而是永遠把人民放在心中，爲民終身服務；國家教育從人民幼小時期，直到老退不能接受教育止，一生中任何期間，在需要教育時，就會有適當的教育機制，很方便的達到爲人民服務的要求，因爲教育是每個人一生的需要，尤其今日社會進步快速，人人都要活到老學到老，隨時都要學習，然後才能跟上時代，目前的學制不是以民爲本，不是貫穿人生爲教育構想，而是以學業爲本的教育構想，學籍學位到達一定程度和階段，學生畢業便結束了教育責任，所以現行的教育沒有進一步面向社會的責任，也是違背了中華文化以民爲邦本的教育，只有以民爲本的教育，人民才獲得尊重，人性才有尊嚴。

2.現行學制過於刻板，缺少彈性，例如高中三年，若有人兩年讀完，卻難以畢業，又如對某項課程具特別興趣，或特殊天才兒童，教育也無法用特殊教法改變固有規定，所有學生皆限制在既有的學籍學位規範之內，如此將缺少學習速度的鼓勵，也是對學生個人差異的不尊重，何況有時個人或企業，有單獨特別需要，必須重點教育，亦將難以配合，這些都是只以教育爲本的觀念所採取的制度，在這種教育制度下，人民有很多的無奈，因此我們必須確立民本觀念的教育，然後人民才被重視，人性才有尊嚴。

3.改革後的教育，要負責建立就業秩序，一方面使教育確實落實社會，一方面爲求正確的檢驗教育成果，其實這都是教育的基本責任；國家以民爲邦本，民以安居樂業爲條件，教育是幫助人民求得安居樂業的關鍵，建立就業秩序，也是引導人民走向安居樂業的開端，缺少這樣的引導，人民將產生摸索或錯誤，因此建立就業秩序，既與教育本身任務有關連，也是履行民本教育的責任，民本教育的要求：

第一、確實做好因材施教，尊重個人差異。

第二、爲人民終身教育服務，尊重人民的進步需要。

第三、教育要引導人民進入與所習相符的工作崗位，尊重人民工作權生存權。

教育要做到這些要求，才算以民爲本重視人民，也才足以維護人性尊嚴。

第三章　學制革新

一、概論

社會由各行各業，各個團體眾多人民所組成，企業團體需要員工則向社會招募，不需便送還社會，軍隊兵源也來自社會，退伍又返回社會，我們的學校也是向社會招生，畢業送還社會，雖然教育對社會是一種貢獻，如果對社會不負責任，開學畢業例行公事，則與員工進出工廠無異，社會中各個團體單位都為自己需要向社會招募人才，不需時全部送還社會，於是社會便成五花八門的大雜院；農業時代社會單純，人民各自務農，政府不必太多的管理，如今社會複雜，互相競爭，爾虞我詐，社會變成紊亂不安，這個時代的政府，不僅是維持治安就能滿足，還要製訂很多管理規範，使人人都有適當工作，行行業業都有一定秩序，不讓紊亂產生，教育為政府的一部分，不但不能製造社會紊亂，更有協助安定社會建立秩序責任，那還能招生即來畢業即去，把學生向社會一推便算了事！

教育的功能在培養人才，但教育如何配合社會需要乃是現代教育的主要任務，以往的小學中學大學，以及學籍學位一路爬升的學制，已不能完全適合，由於直接推動各項工作，促進社會進步，主要是靠各種類別不同等級不同的專長，不是以學歷學位堆積的高度去促進進步，所謂人才也是以專長爲基礎，簡言之過去是培養人才的學制，今天是要配合社會需要培養專長的學制，是講求專長的分配，人力的分配，達到學習與工作相結合，這才是負責的教育，才能使複雜的「大雜院」不致因教育的不建全而產生紊亂。

學制的改革有幾個著眼：

第一、學習就是工作的準備，工作就是學習的實驗，兩者密切結合，使學習與工作，或工作再學習之間，沒有空隙。

第二、廢除現行學制，配合每個個人，依不同齡層的教育需要，而設計全面完整的成人學制，使每個人都可活到老學到老。

第三、跟隨時代快速的腳步，配合企業需要，適時適切提供最新知識技能人才，使教育、企業、和時代同步前進。

我們把所有學校，依平面狀態，區分爲五個系統：

第一、國民基礎教育系統：將現行國小國中合併成立國民基礎教育學校，各學校教育內谷一致，以教導國民基本知識，培養優良國民爲主要目的。

第二、一般教育系統：主要爲配合社會各行各業，爲進步發展所需要的各工作專長而教育。

第三、研究教育系統：主要爲較長時間，連續研究磨練項目，例如藝術、體育、學術研究、科學探究等，對這些需要長期埋首研究，終生不移，始有成績表現者給予學習環境，他們以研究爲職業，追求精進，不以金錢爲目的，故教育時間較長，與一般事業教育性質相異，必須有所區隔，必要時政府予以經費補助。

第四、特殊教育系統：包括殘障教育、天才兒童教育、監獄人員教育等，這些都因爲自身狀況客觀環境以及個人稟賦等，與眾不同，無法在一般體系中接受教育，而其教育方式教育內容都有不同，必須區隔教育。

第五、國防教育系統：國防人力爲數甚多，尤其爲保持軍隊的年青化，退伍時都還有工作能力，都與社會有直接關係，我們不能讓國防人員，招手即來，揮手即去，必須站在全國人力管理下，納入全國教育的合理秩序中，軍中自有完整的軍事教育體系，但軍中人員的進出社會，必須與民間教育相結合，與民間就業秩序相銜接，才合國家全般人力運用的管理要求。

以上就平面狀態的區分，除外還有縱深的教育因素，包括內容等級的縱深區分，自不必多贅，而人員依齡層不同，所要求的不同教育，是目前學制所忽視的縱深教育問題，必須在平面區分的學制系統中，考慮各個學校設立的性質、內容、班級、教育時間等的設計，皆須配合縱深要求，茲就縱深設計的要點說明如後：

其一、目前學制，只教青少不教成年，有違「有教無類」原則，對成年就業後，需要教育者缺少機會，並不公平。

其二、科學日新月異，只著重青少時期連續學習，結果學富五車，當五車學完，前車已經落伍，故現代教育宜採分段方式，學期縮短，學次增加，學習與工作交替前進，直到老退，形成人生的縱深教育。

其三、縱深教育，將能適時適切提供最新知識技能人才，密切配合各行各業需要。

其四、目前一般青少走入職場，終身工作，常有身心疲憊情形，若有縱深學制，學習與工作交替前進，將可調節長久工作身心功效，活潑單位人事調動，不會有基層人事「一塘死水」情形。

其五、制訂就學與就業交替機制，當經濟不景氣時，可吸納多餘人口進入學校，調節人力運用減少失業壓力。

二、教育系統區分

（一）國民基礎教育系統

1. 依地區狀況，將區域內所有國中國小一律合併，酌情組成數個國民基礎教育學校，以精減行政編組。

2. 除殘障兒童，學習不便，進入特殊教育系統學校學習外，其餘所有學齡兒童，皆須進入國民基礎教育學校就讀。

3. 國民基礎教育學校教育，以培養優良國民基礎要求爲目的。

4. 年滿三歲起至十六歲止，合計十三年時間，爲國民基礎教育時間，區分幼兒教學部及一般教學部，幼兒爲前三年時間，得設托幼時段，一般部爲後十年時間，區分一至十年級。

5.十三年國民基礎教育，是學童成長最脆弱最重要時期，影響爾後性格、習慣、品德等形成，必須聘請專家研擬此一階段教育內容，教育方式，特別加強生活禮儀及道德倫理教育。

6.每個人經過十三年國民基礎教育，必將成為堂堂正正國民，故學校除了教學外，還須在期間內，紀錄並評鑑每個學生的優缺及爾後適合發展方向，這是每個學生終身努力方向的重要評鑑，並且要明確的告知學生本人及其家長，作為選擇志願參考，學校依據下列資料進行評鑑：

⑴幼童時期不計，從一年級開始，到十年級畢業前，其中學生重要言行、獎懲紀錄等，分析評鑑未來行為傾向。

⑵各項課程考試，不依得分總和高低評定優劣，而依各科得分，經科學方法的綜合分析，評鑑其擅長優缺傾向，作為爾後升學或工作參考。

⑶以智力測驗性向分析志趣嗜好等判別適應環境傾向。

⑷綜合家庭背景、家長意見及學生本人意向等，建議繼續努力方向。

7.最後畢業成績單上，沒有總平均分數、沒有名次記載，只有各科得分及與總分比例，以及個人優缺分析，並建議努力方向，然後憑建議方向免試分送各基礎職業學校適當科系就讀，人人前途無限，各憑努力，行行皆可出狀元。

8.當建議努力方向，憑送至基礎職業學校之前，須參考國家人力運用計劃，掌握社會各行各業人才需求資料，對人力過剩專長科系，可疏導至相近而人力不足專長科系 就讀，在接受學校教育時期，便朝向人才供需平衡努力，必要時建議政府，對專長人數不足項目，採取獎勵措施，以導正人力運用秩序軌道。

9.任何年級，如發現特殊天才兒童，經審慎評估，則轉入特殊教育系統，繼續接受教育。

10.我們在教育任務的改革中，將國家人力運用納入教育單位掌管，各國民基礎教育學校，便是執行人力運用計劃，配合社會需求的最基層單位，也是「就業秩序」建立的基礎。

（二）一般教育系統

1.基礎職業教育學校：

(1)招生對象與教育目的：基礎職業學校招生，皆爲國民基礎教育學校畢業學生，免試進入本校相關專長科系，接受爲期兩年教育，目的在使每位學生，皆具備基礎性的職業知識和技能。

⑵主要職掌任務：

A.社會服務：

(A)調查並掌握區域內各行各業，包含國防事業，人力需求狀況，並與國民基礎教育學校前置協調，決定本校招生專長班次名額。

(B)協調各行各業，分配學生實習事宜，處理學生實習事務，以及畢業學生就業分配。

(C)督導學生實習進行，調查已就業學生工作狀況，並作學校改進參考。

(D)學生考評紀錄。

B.分科教學：

(A)國防專長：以國民基礎教育學校畢業學生，經該校評鑑，有意於國防事業發展者，以及與國防單位協調需求人數專長等，作爲招生名額基礎，免試進入本校接受教育，教育內容以民間基礎專長課程爲主，其項目多與國防需要相關連，並介紹國防一般常識，畢業時已滿十八歲，全部進入軍中基層單位服務。

在軍中服務期間，將循軍事教育系統，對努力者將逐步上進深造，擔負國防重任，爲保持軍隊年青狀態，屆齡必須退伍者，將轉入民間教育體系，接受一定專長教育後，由學校分配就業。

(B)研究專長：研究專長包含藝術、體育、學術研究科學探究等，需要長期連續磨練項目，學校教以基礎專長爲主，經嚴格考試，取得相關專長證照，始准畢業，或一律准予畢業，但依畢業成績，給予不同等級證照，然後由學校分配至相關單位服務，爾後需要時再進入研究教育學校或轉至一般專長教育學校深造，研究科系學生，畢業成績優良，可依條件免試直升研究教育系統學校相關科系，繼續就讀，不求學籍的累積，但求研究成果的增進。

(C)一般專長：除前項國防專長、研究專長外，其餘各行各業，所有專長基礎教育，全部包含在一般專長之內，基礎職業教育學校，可一校包含數類專長班次，或單一專長教育學校，其對象皆由國民基礎教育學校畢業學生，依計劃直送，免試入學。

(3)國民基礎學校畢業，已滿十六歲，再入本職業基礎教育學校學習二年，畢業時已滿十八歲，爲成年國民，開始就業工作，免試升入本校學習，是尊重民本原則，人人皆有接受教育權利，但學習期間教育要求必須嚴格，不達標準不准畢業。

(4)本校學生：通過嚴格考試，取得初級專長證照，始准畢業，一律由學校介紹分配至各行各業工作，不論貧富貴賤，人人皆從基層工作做起，人生起跑點公平一致，爾後憑個人努力，進入更高級專長學校深造，伴隨工作經歷，「知」「行」相輔併進，直到老退。

(5)所有專長教育期間，除本科專長外，特別重視優良品德的培養，及「學」「用」結合的教育，加強校外教學，和實習課程。

2.專長進修教育學校：

(1)招生對象與教育目的：基礎職業教育學校畢業，經就業工作一定時間，對原專長有進修需要時，得免試參加本校就讀，或該校畢業，經就業工作一定時間，發覺有更換工作，變更專長，以及研究專長，經就業工作一定時間，國防專長軍人退伍後，有需要進入本校修習者，准予參加本校接受教育，課程銜接基礎職業教育內容，時間依專長性質自六個月至十八個月不等，以增進專長更高知識技能爲主要目的。

(2)主要職掌與任務：

A.社會服務：

(A)調查並掌握區域內各行各業，相關及相等級專長人力需求狀況，對需要進入本校進修者，其所屬單位人數科系班次等，均須深入了解。

(B)協調有關各行各業，分配學生實習事宜，處理學生實習事務，以及畢業學生就業分配。

(C)督導學生實習進行，調查已就業學生工作狀況，並作學校改進參考。

(D)學生考評紀錄。

B.分科教學：除研究教育系統，特殊教育系統、國防教育系統等項目外，其他各行各業所需要專長，經調查有關本區域內，與本校責任有關項目，歸納分類，設計各種不同專長班次，教育內容銜接基礎職業教育學校內容。

(3)錄取名額：經社會調查各行各業相關人才需求專長種類數量等，包含研究教育系統專長，經就業工作一定時間，需再入學進修，及國防專長退伍軍人轉學，決定招生名額，並根據需求狀況，得彈性增減班次，若有報名人數超額或不足，學校應疏導學生，由過剩轉至其他相近而招生不足班次就讀，或作校際平衡，必要時增設儲備班次，及獎勵不足專長班次。

(4)入學從寬，畢業從嚴，必經嚴格考試，取得相等級證照始准畢業，由學校分配至各行各業工作，對未能畢業學生，可轉至校辦補修班或改習其他專長班次繼續學習。

3.高級專長進修教育學校：

(1)招生對象與教育目的：專長進修教育學校畢業，經就業工作一定時間，對原專長有進修需要時，得免試參加本校就讀，或該校畢業，經就業工作一定時間，發覺有更換工作，變更專長，以及研究專長經就業工作一定時間，國防專長軍人退伍後，有需要進入本校修習者，准予參加本校接受教育，課程銜接專長進修教育學校教育內容，時間依專長性質，自六個月至十八個月不等，以增進專長更高知識技能爲主要目的。

(2)主要職掌與任務：

A.社會服務：

(A)調查並掌握區域內各行各業，相關及相等級專長人力需求狀況，對需要進入本校進修者，其所屬單位人數科系班次等，均需深入了解。

(B)協調有關各行各業，分配學生實習事宜，處理學生實習事務，以及畢業學生就業分配。

(C)督導學生實習進行，調查已就業學生工作狀況，並作學校改進參考。

(D)學生考評記錄。

(E)學生校外參訪教學事宜。

(F)調查社會教育需求，彈性修訂教學內容，或增減教學班次人數等。

B.分科教學：

(A)教育內容銜接專長進修學校課程內容，或依社會需要，另立教育項目，提高水準。

(B)除實習外，對國內外規模企業參訪教育。

(3)招生名額：

A.經社會調查各行各業相當專長人才需求數量科系等，決定招生名額，學校應根據需求數量，增減班次人數。

B.學校除目前社會需要外，若另立新專長班次，以應未來需要，則適切規定名額。

C.根據國際情勢，決定外籍學生來校求學班次人數，製訂招生辦法，適切規定名額。

D.報名者若有超額或不足，應由過剩專長班次，疏導至其他相近而招生不足專長班次就讀，或作校際平衡，必要時增設儲備班次，及獎勵不足專長班次。

⑷入學從寬，畢業從嚴，必經嚴格考試，取得相等級證照，始准畢業，由學校分配至各行各業工作，對未能畢業學生，可轉至校辦補修班次，或改修其他專長班次學習，直至准予畢業爲主。

（三）研究教育系統

1.研究教育學校：

⑴招生對象與教育目的：基礎職業教育學校研究科系畢業學生，成績優良，依一定條件免試直升本校相關科系，或經就業工作一定時間，對原專長有進修需要時，可免試進入本校相關科系就讀，若就業工作一定時間，發覺有變換工作專長需要，以及一般專長經就業工作一定時間，國防專長軍人退伍後，需要轉入本校進修時，准予參加本校接受教育，課程銜接基礎職業教育內容，時間一至三年，區分班次等級，以培養基礎人才，配合社會需要爲目的。

⑵主要職掌與任務：

A.社會服務：

(A)調查並掌握區域內各種專長人員需求狀況，及其所屬單位人數專長類別。

(B)協調學生至各行各業實習事宜，約定實習時間地點項目人數，處理學生實習事務。

(C)協調學生至社會服務，比賽表演交流參觀等校外教學事宜。

(D)學生畢業後就業或升學分配。

(E)學生考評紀錄。

B.分科教學：

(A)教學課程銜接基礎職業教育內容，進入長期研究磨練學習階段，以修習專長學分爲主，時間依課程性質作彈性規定。

(B)配合世界潮流，新立科系儲備人才。

(C)校外教學。

(3)招生名額：經社會調查，各行各業相關專長人才需求數量科系等，決定招生名額，根據需求狀況，得彈性增減班次，若報名人數超額或不足，學校應疏導學生由過剩轉至其他相近而招生不足班次就讀，或作校際平衡，必要時增設儲備班次，或獎勵不足專長班次。

(4)入學從寬，畢業從嚴，必經嚴格考試，取得相等級證照，始准畢業，不能畢業者，轉入校辦補修班，繼續就讀，至准許畢業爲止。

2.高級研究教育學校：

(1)招生對象與目的：研究教育學校畢業學生，成績優良，依一定條件免試直升本校相關科系，或經就業工作一定時間，對原專長有進修需要時，可免試進入本校相關科系就讀，若就業工作一定時間，發覺有變換工作更換專長需要，以及一般專長經就業工作一定時間，國防專長軍人退伍後，需要轉入本校進修時，准予參加本校接受教育，課程銜接研究教育學校教育內容，時間一至三年，區分班次等級，以培養高級研究人才爲目的。

(2)主要職掌與任務：

A.社會服務：

(A)調查並掌握區域內各種研究專長人員需求狀況，及其所屬單位人數專長類別。

(B)協調學生至各行各業實習事宜，約定實習時間地點項目人數，處理學生實習事務。

(C)協調學生至社會服務，比賽表演交流參觀等校外教學事宜。

(D)學生畢業後就業或升學分配。

(E)學生考評紀錄。

B.分科教學：

(A)教育內容銜接研究學校課程內容，以高級專長教育爲主，，或依社會需要，配合國際趨勢，另立教育項目，提高水準。

(B)除實習外，對國內外規模企業參訪教育。

(3)招生名額：

A.經社會調查各行各業相關專長人才需求數量科系等，決定招生名額，學校應根據需求數量，增減班次人數。

B.學校除目前社會需要外，若另立新專長班次，以應可見未來需要，適切規定名額。

C.根據國際情勢，決定外籍學生來校求學班次人數，製訂招生辦法，適切規定名額。

D.報名者若有超額或不足，應由過剩專長班次，疏導至其他相近而招生不足專長班次就讀，或作校際平衡，必要時增設儲備班次，及獎勵不足專長班次。

(4)入學從寬，畢業從嚴，必經嚴格考試，取得相等級證照，始准畢業，由學校分配至各行各業工作，對未能畢業者，可轉至校辦補修班次，或改修其他專長班次學習，直至准予畢業爲主。

（四）特殊教育系統

1. 特殊教育學校區分：

⑴天才教育學校：具有異於常人天賦，經各學校或家長發現，無論兒童青少或其他成年，經一定單位評鑑，有必須採用特殊天才教育者，給予充分發揮學習機會，即可送入天才相關學校就讀。

⑵聾啞教育學校：對聽覺及語言障礙者，給予特別教育，使盡力克服溝通障礙力求發揮其他能力，使能適應社會生活，自立自強，進而發揮才華貢獻社會。

⑶肢障教育學校：對肢體殘障者，給予特別教育，盡力克服肢體障礙，力求發揮其他能力，使能適應社會生活，自立自強，進而發揮才華貢獻社會。

⑷其他殘障，區分類別，有需要另行教育者，比照成立特殊學校，予以特別教育。

⑸監獄教育，監獄最高目的在寓教於懲，總望受刑人皆能改過向善，固然懲罰本身即是教育，如在懲罰過程中，加入積極性教育措施，又不影響懲罰意義。將更增加教育效果，尤其現代教育任務，範圍擴張，無論齡層如何，身在何處，盡可能讓每個國民，都會受到教育的服務，這是時代所賦予的教育責任，監獄中的受刑者終究會回到社會，我們有責任也有必要，給予適當教育。

其一、矯正教育：對重大刑犯，其行爲瘋狂乖張，往往只憑懲罰難改其性，必須配合特別矯正教育，使其改邪歸正。

其二、一般專長教育：不必另立學校，不以學籍爲重，全以學習專長爲主，以監獄內部管理組織爲主體，其中區分教育時間，及上課場所，依個人所長，培養其謀生能力，磨練必要技能，甚至學術研究等等，總使受刑者都有接受教育機會，出獄成爲社會有用之人。

2.特殊教育學校之設立：

⑴依需要區分若干地區，分別成立區域內各種類別特殊天才教育學校，以及各種類型殘障學校，建立特殊教育環境，培養特殊人才。

⑵成立特殊天才教育研究單位，蒐集各種天才類型，研究各類型教育方法及教育內容，並訂頒發掘天才辦法，勿使天才淹沒於人群中。

(3)成立殘障教育研究單位，依照各種殘障狀況，綜合研究殘障分類，針對各種類型專長短缺，研究揚長補短教育方法和內容，盡可能突破傳統，創立新穎內容新穎方法，使殘障人員不只具備自立能力，更能發揮特殊才華貢獻社會。

(4)不管天才或殘障，應以單一專項研習為原則，採取重點教育，刪除不必要課程，以集中精力，獲得單項超人成就為目的，貢獻社會，尤其殘障人士，多為社會弱勢，必具超越一般的突出能力，方易在社會取得立足之地。

3.特殊教學與工作配合：

(1)天才人士，缺少特殊的工作環境，往往在一般社會環境中，整日為生活為事業忙碌，逐漸淹沒了長才，我們除注意天才的教育外，還要注意天才的工作環境，天才的工作要素中，可能與眾不同，須經過研究設定，必要時政府予以協助，必使天才的「知」和天才的「行」，確實相配合，然後才能造就完整的天才人物。

(2)對殘障人士言，目前政府以柔性規定，具有一定規模企業，須雇用若干比例殘障員工，但效果不佳，我們的教育是為民服務，就要深入各行各業，了解特定工作實際作業方式，然後學校根據專一需要，設計特定工作需要的教育內容，以適應企業需要，不使企業有排斥理由，學生畢業即可就業，在工作中，常走在工作要求的前端，隨時關注再回學校進修，使殘障者工作能力，被社會所肯定。

⑶在很多類別天才中，包括殘障特殊才華，其對國家社會甚至全人類，有重大價值者，教育應給予更多的照顧，建立更適合的工作環境，使特殊的「知」和特殊的「行」有更好的配合，讓天生才華發揮到最高境界。

（五）國防教育系統

1.軍隊偏於本位觀念：軍隊負有保國衛民任務，組織嚴密，編制固定，基層士兵人數最多，幹部則成金字塔形，愈高階人數愈少，爲保持軍隊年青活力，基層士兵更替頻繁，各級幹部爲顧及年資經歷寶貴，服務時限，隨晉升高階而延長，但也必須考慮體能限制，一定階層有一定服務年限，不待年老，到時該退即退，無論士兵或幹部，都來自社會，退伍也都回歸社會。

以往軍隊只顧本身需要，採取徵兵制度，依齡入伍，服滿兵役，隨即退伍還鄉，不須煩惱兵源問題，也不顧慮退後的生活生計，反正「軍事第一」，招手即來，揮手即去，完全在軍事本位下，無須考慮什麼國家整體人力運用觀念。

2.軍隊、社會本是一家，目前社會各級學校，也是本位當道，國中以上學校學生畢業，大多已屆工作年齡，然後比照軍事，也來個「教育第一」，不管中學大學，畢業後一股腦兒送進社會，專長、人數是否足夠或不足，一概不管，只說學生考試及格准予畢業，教育大功告成，送出學校一切問題，留給社會處理。

社會上各行各業依樣學樣，需要時即向社會招攬人才，不需要時，資遣、裁員、關門歇業，向社會一推了之，較大企業尚能顧及社會責任，而當企業本身無法生存時，或掏空公司，偷偷移向大陸，還是把問題丟給社會。

大家都是自我出發，卻把問題推給社會，其實社會的組成就是你我他，我們都是同一國度的成員，堆積了很多問題最後還是自己承受。

不管多麼重大問題，政府都應該面對問題解決問題，尤其教育和軍隊，都是政府的一部分，怎還能不為政府解決問題，反製造更多問題，軍隊與社會人員流通既不能缺少，那就應該建立互動機制，使有秩序的往來流通；軍事人員數量既眾，當從社會進入軍隊時，就要有事前的準備，才不致影響社會人力運用秩序，進入軍中，自有軍事教育系統予以教育和訓練，而從軍中轉回社會時，由於軍中專長與民間專長不盡相合，社會各級學校就要有配合的教育，然後才能進入工作崗位，如今「進」與「出」都缺少有秩序的機制，不免成爲問題製造者，那麼軍隊和社會同爲一家又從何說起！先天上就缺少一家的觀念。

3.士兵的進與退：從國民基礎教育學校開始，就有適合發展方向的評鑑，對有意投入軍中發展者，畢業時免試進入基礎職業教育學校國防專長科系就讀，教以初步軍事常識，以及軍民相近專長，畢業即行入伍，在軍中接受短期入伍教育後，分發至各部隊服役，退伍時還很年青尚具工作能力，經必要測驗，區分專長種類等級，全部公費進入民間相關專長學校接受短期教育，畢業後由學校安排就業，自後正式轉入民間社會，以工作與學習交替進行，逐步上進，軍中年資與社會工作年資銜接計算，年老退休時，依目前的勞保金或國民年金享受退休生活，不必另發軍中退休金，此項士兵軍中進退機制有幾項要點：

第一、從國民基礎教育學校開始，便有學生個人評鑑、意願調查，進入基礎職業教育學校將有初步的國防教育，以及計劃性的人力分配，員額不足補以獎勵，過剩則擇優選用，以保持人力運用平衡，這就是進入軍中之前的準備工作。

第二、士兵軍中進退機制，將可配合募兵制實施，不必向社會「拉夫」式的招攬，擾亂社會人力運用秩序。

第三、建立士兵進退機制後，退伍時不發給退伍金，理由有四：其一，青年時期便享有優厚退伍金，既不合情理，也不合人力管理原則；其二，為保持軍隊年青化，當兵不宜太長，退伍時發給優厚退伍金，將增加國防支出；其三，士兵退伍時，尚具工作能力，不如將龐大退伍金，移作轉行教育經費，除能使「人盡其才」外，並納入社會正常就業軌道，以免社會就業秩序紊亂；其四，當兵時既有優厚待遇，退伍時又有公費轉行教育，其後進入社會有秩序的就業軌道，不愁就業難尋，必能安定生活，而優厚退伍金制度，不過是軍隊本位思考方向，缺少國家整體人力運用觀念。

第四、募兵制符合成本觀念，可能會延長當兵時間，而士兵進退機制建立，士兵更替較募兵為頻繁，維當兵期間接受嚴格軍人生活訓練，必將養成守紀守法，團結協調等美德，對青年國民，誠為良好教育，對技術性士兵，必須延長當兵時間，可以升等或加薪等方法以求平衡。

4. 基層幹部的進與退：各級幹部如何產生，將另行說明，基層幹部包括士官和尉級軍官，退伍時應比照士兵退伍機制進行，由於基層幹部，服務時間較士兵爲久，這是軍中所必須，但人數亦非少數，也不宜脫離社會時間過長，畢竟軍中除少數晉升高階外，缺少其他發展空間，更因要維持軍隊年青化，也缺少時間上的發展許可，爲國家整體人力運用計，及其個人發展想，盡可能早日退伍，不能晉升，就須退至社會另求發展。

5.中高級幹部的進與退：晉升到校級軍官，已算是中級幹部，必經嚴選嚴核，更經嚴格軍事學校教育，可算是十分優秀軍事幹部，同時對品德對國家忠誠度的要求，必有高度標準，因此中級以上幹部包括校級將級，必須具有長期爲軍隊奉獻的精神，不管由基層到中級或中級到高級，不輕易晉升，不到體力或年齡不容許繼續工作，也不輕言退伍，構成軍隊基礎磐石。

中級幹部的管理，至少區分兩個體系，其一爲指揮官專長體系，爲保持軍隊年青活力，各級指揮官專長軍官，服務一定年限，必須晉升或調動，不能晉升者轉入幕僚體系服務，或退伍；其二幕僚專長體系，以考量幕僚專長作業技能爲重點，視業務性質，年齡年資可作彈性延長，雖不易晉升或退伍，則以年資加給予平衡，直至限齡退伍，或中途不願繼續軍中服務，自願回社會民間發展者，亦可辦理退伍。

當校級軍官總數中，因晉升高級將領或退伍所產生缺額，決定從基層軍官中晉升數量，由於校級幕僚體系軍官不輕易升級和退伍，則從基層晉升到中級階層亦將減少。

無論指揮官專長體系，或幕僚專長體系，凡不願繼續軍中服務者，均比照基層幹部退伍機制，退後免費進入社會相當專長學校，接受一定專長教育，由學校分配至民間工作場所工作，納入社會正常就業秩序，不另發退伍金；至於高級將領，受國家深厚俸祿，人人必須鞠躬盡瘁，不輕易晉升，也不輕言退休，不過服務既久，年齡也已增長，在不允許繼續服務時，由於終身奉獻國家，退休後自應由國家供養。

6.各級幹部的產生：從國民基礎教育到基礎職業教育完成，經過意願調查，性向分析，審慎評鑑，對有志軍中發展青年，便已選定方向，自基層士兵做起，服務中表現優異，在退伍前經選拔送往相當軍事學校受訓，畢業晉升爲下士官，派至部隊擔任士官職務，以後依年資及服務成績，逐級晉升至上士官或士官長，其後再從士官中選訓晉升爲基層軍官，以同樣方式，自下一階層選訓晉升，未來所有各級幹部，皆從軍中自行產生，不必向社會招攬；其優點：

第一、社會已建立了良好就業秩序，每個人都有一定職務工作，若以軍方單方面的需要向社會招募人員，將擾亂社會秩序；未來的募兵制實施，同樣循此方式進行，士兵由基礎職業學校國防專長科系進入軍中服務，爾後各級幹部皆由軍中層層選拔予以教育後產生，建立合理進退機制，將對社會和軍隊皆有俾益。

第二、軍事幹部從軍中產生，經過長時層層考核，必對幹部的能力品德專長等有更深認識，越是晉升高階，其被考核的層級次數越多，評鑑越爲正確，必爲優秀中最優秀人選。

第三、三軍官校教育時間既長，畢業派至部隊服務人數又不敷需求，以陸軍言，各級幹部，有來自社會招攬，所謂專修軍官，有從部隊中晉升，加上官校畢業學生等，來源不同，看待也不一樣，徒增困擾，不如取消官校及專修幹部系脈，一律從部隊中逐級選拔，加強必要教育，成爲各級軍事幹部，使部隊幹部系統單純化。

第四、軍中幹部，從基層到高官，其經歷學歷交互進行，逐步高升，眞正做到「知」「行」相輔，從千錘百鍊中，必然成爲完整的軍事人才。

第五、社會各級學校，百行百業，以及軍隊，都是整體國家成員，不容許各自爲政，彼此間可以人員互動，但必須建立合理機制，遵守共同秩序，本文對軍事人員的進與退，以及幹部的產生方式等，主要意旨在重視國家整體人力的管理，及與教育的配合，希望建立一個現代進步的國家人力管理機制，還待共同集思廣益。

第四章　教育管理

一、考試院掌管全國教育

（一）時代任務

由於時代的演變，國家教育日益重要，社會依賴教育日深，不但教育範圍擴大，由青年學子，普及到所有成人，由學校到社會全民皆需要教育，責任方面，要向個人向社會向經濟向政治向文化等，負起直接責任，更重要的要做好全國人力管理，這些是何等重大任務，全都是時代變遷下，所帶來的要求，我們的教育不得不提升管理位階，加強教育遂行能力，以符合繁重任務的需要，建議由考試院兼掌全國教育最宜。

（二）有利教育中立

考試院獨立於行政體系之外，可不受政治或行政干擾，有利學術發展，維持教育中立，而爲國掄才與培育人才性質雷同，應該將教育與考試方式合爲一體，同時考試院位高事簡，承擔教育重任，正合提高教育位階要求。

（三）為國為民一體服務

社會進步工商進步，乃是國家生存基礎，故不只政府需要人才，民間各界的人才培植與優秀選拔資格鑑定等同樣重要，政府站在爲民服務立場，應該擴大考試院職掌，爲政府爲工商各界團體，一體服務，使人才的培植鑑定運用等事權統一，提高效率。

（四）兩情相願的結合

考試院既需擴大職掌，現行教育部又須增加責任提高位階，兩者的合併乃是兩情相願的結合。

（五）彌補憲政不足

我國憲法規定三民主義爲立國原則，中央政府組織，對民權民生主義都有歸屬，惟民族主義並無掌管單位，不如將考試院改爲民族院，而教育又是培養民族幼苗，提升民族素質，促進民族的文化成長，俱都是增進民族主義所必須，是以考試院改爲民族院，兼顧國家教育，建立健康和平的民族主義，誠可彌補憲政的欠缺。

（六）民族院直接向總統負責，向立法院報告爭取預算。

二、地區規劃

(一)分區教育

由於人口增加，社會問題嚴重，鄉村人口湧向都市，東部流向西部，南部趨向北部，接踵而來的交通問題、住宅問題、就業問題、甚至治安問題造成無限困擾，固然國家整體規劃應該加強，而教育若能劃分地區，由地區内教育單位和學校，自行解決區域性教育問題，將分擔中央責任，當地特色、當地狀況、當地的教育需求，地方政府可作適當規劃，把地方發展結合教育，使地區内學校作爲地方人力供應中心，使工商各業人才不假外求，人民在地區内就有良好教育、良好工作，非不得已不必遠徙，然後人人安居樂業，社會安定；屬於全國性人才培育，其學校適當配置於各地區，由中央管理。

(二)活潑地方教育

目前教育權責多集中於中央，掌握既難確實，制度又顯僵化，地方政府只能照單行事，較難發揮，尤其改革後的教育，具有社會教育責任，各地區社會狀況不盡相同，特性不同，中央很難統一策劃。多年前台中市長，眼見青少問題嚴重，親向行政院長建議，增加國中職業訓練，問題雖小，市長無力解決，行政院無法可施，由於教育體制過於龐大，傳統觀念和傳統學制根深蒂固，缺少靈活應變能力，如果給予地方一定權力責任，或可解決類似地方性的教育問題。

(三)教育要服務人民

地區規劃，顧名思義是以地方爲單位，講求地區內的教育平衡，人力供需平衡，或以行政區域作劃分依據，或以都會區劃分，每一區域各具特色，讓各區域自負一定責任，這是一個全面爲人民服務的設計，中央只要掌握原則，讓地方政府切實配合社會需要，好認眞的爲民服務，因爲只有地方政府才能確實掌握地方民情，負責地區教育責任者，才能做到教育落實社會，只有落實社會的教育，才是有根有生命的教育。

（四）平衡教育

地區規劃，就是爲了貼近民眾，除了注意人民需要，也要注意國防需要，國土規劃、經濟配置、都會區域建設構想等需要，務必使區域內教育平衡，教育不能如商業趨向繁榮，教育不容有落後地區、偏遠地區、文化沙漠等現象，產生教育成效落差，教育是促進繁榮，平衡教育爲要求。

（五）分層負責

行政管理，都重視分層負責，而支持良好管理的基礎則是分辨責任的能力，了解責任所在，進而加強責任的遂行，否則錯亂負責或不負責任，都將有害管理，中央到地方一條鞭的管理形式，或許都有分層負責的因素存在，若能實行地區規劃教育制度，讓中央與地方責任清晰明瞭，同時將部分中央權責下授地方，將更能提高管理效果，就中央教育機關言，自應掌握國家的大政方針爲重，而地方教育機關多以配合地方需要，服務人民爲要務，若不加區分，只恐兩者皆空，尤其今日社會複雜，變動快速，地方必須有一定因應能力，如此各有應負責任，構成分層負責制度，將有益於整體教育的進步。

三、建立「教」「用」結合機制

（一）「教」「用」結合目的

教育責任不是學生畢業就算完畢，所以每個學校都有社會人才需求調查，學生畢業即可引導至相關工作崗位，然後從工作成果中檢驗教育成效，這就是須要「教」「用」結合的由來；由於改革後的學制，是完全而澈底的成人終身學制，工作到老，學習到老，進修者及其進學次數必然增加，於是「教」「用」之間往來頻繁，各級學校與社會各行各業，必須分別建立相關交流關係，講求「教」「用」的結合技術；教育與各行各業的結合，除爲了檢驗教育成果外，更是爲了向社會、向各行各業、向經濟發展，負起直接責任，而各行各業，爲了自身的進步發展，也應該主動要求「教」「用」結合的密切，這不是單方面的需要，應該共同合力，建立交流機制。

(二)社會的配合

教育培育人才，乃是基本功能，不是最後目的，教育實在是爲各行各業，促進國家社會進步發展，才是最高目的，今日教育爲人民爲社會而服務，故社會也應有互動的感應。

1.今日的教育改革，在心態上已作了重大轉變，過去只爲培育人才，清高自居，不問社會俗事，現代的教育是爲民服務，要進入社會，配合社會需要，社會對待教育，是尊重、是依賴、是幫助、不是冷眼旁觀，因爲教育貼近了社會，並且不斷設法，以求眞正做到有效服務，所以「教」「用」的結合，是雙方樂意的，是自然的，是主動積極的配合行動。

2.革新後的教育要求，尊重個人需要，尊重各別差異，重視個人工作機會，盡力配合社會需求，這是一個人性尊嚴的教育，另一面也希望社會推動新的倫理建設，工商各界各個企業，除了員工待遇一般照顧外，更要注重員工的培植，才華的發掘，把員工視爲家人，使員工都有深造發展機會，這就是新的倫理建設，把「教」「用」密切結合，然後企業進步，社會穩定。

（三）「教」「用」結合技術

1.各級學校，皆須調查社會有關本校相關專長教育的人才需求，並依此需求數決定招生名額，因此學生畢業即可就業，這是「教」「用」的初步結合，爾後視需要，工作與進修交替進行，直到老退，這也是因應時代要求及各行各業的進步，所設計的結合機制。

2.社會各行各業，主動保薦員工送往相關學校接受教育，以配合企業內人事調動，活潑組織內人事管理，促進組織進步，畢業回原單位工作。

3.大型企業應有幹部輪流進修制度，培植優秀人才制度，個人的深造不必完全依賴家庭經濟的支助，有才華肯努力者，必爲企業培植對象。

4.規模企業，應與相關學校，建立建教合作關係，以及實習關係，以強化「教」「用」的結合。

5.透過教育保險制度，在進修期間生活有所補助，將增進「教」「用」結合的穩定。

四、教育與研究的結合

(一)教育的泉源

研究的成果就是教育內容的來源，教育與研究相結合，可將成果轉為教材較為便捷，只有新鮮的教材，才足以滋潤教育，猶如教育甘泉。

(二)教育與研究區隔分明

教育與研究兩者工作性質不同，必須區隔分明，雖然統一管理，但在系統上一為教育系統，一為研究系統，教育要深入社會，發掘社會需要，然後培育人才，滿足社會需求，以直接服務人民為主，研究系統，則是探討事物眞相，發現眞理，或創造新知，締造新猷等爲目的，兩者性質不能相混，如果兩者不能區隔分明，便會產生錯亂，目的不明成果必然不彰。

(三)追求專精

目前有些擔任教職者又兼任研究工作，專任研究者又兼負教育任務，大學生不管畢業後擔任研究工作或開創事業，一律苦讀四年，這充分説明我們不重視工作的專精；據新聞報導，有大學生課堂上啃雞腿，聽課不專心現象，其他中學小學常有霸凌學生，還有放牛班以及體罰等情事，種種事實都顯示我們的教育方法欠缺，制度不夠週延，若進一步追究就是教育政策上不講求專精，只認考試分數學籍學位，不去面對社會面對工作，現代的教育是促進國家整體進步的領航者，不進步就算是落伍，進步慢同樣是落伍，只有追求專精，才是進步的動力。

教育工作者必須具備教學專長，不是課程內容有所深入，講課清晰，就能做老師，除了懂得本身課程的教育方法外，還要懂得學生的學習方法，然後講求教與學兩者契合技術，才有教學效果，最近新聞報導，有幾位名人都做了新任老師，他們的學問沒有疑問，倒是教學方法和學生的學習方法了解多少值得懷疑，縱然都能了解，而把教育方法和學習方法，能否做到互相契合也是疑問，別説新任老師，即便資深教授亦未必做到圓滿，因爲我們整個教育界，尚未注意到教與學的契合問題，所以追求專精沒有止境，還有很大空間。

(四)教育與研究的結合

1.國家最高教育機關民族院，應將中央研究機構和各級民間研究機構，包含政府支助研究機構，統籌管理，使構成一個體系完整，全國研究工作，有系統，有層次，有秩序的研究集團，並有效運用研究成果，把社會帶領至時代尖端，各個領域充滿無限希望的國家。

2.民族院有製訂研究主題，管理各研究機構研究主題，協調分配研究責任，督導研究進度等權責。

3.除中央研究機構外，更須輔導成立各次級研究機構，普遍提倡研究風氣，並建立與各工商企業合作關係，各學術、科學、藝術、體育等團體交流關係，及研究機構與各級研究學校互動關係，使各級研究機構充分發揮研究功能，積極開發「人礦」，促進國家社會進步。

4.各級學校有志研究工作的老師，一律回歸於各級研究單位，讓專司教育的學校，向教育方法的精進方向努力，也讓追求研究者得有專屬較優環境；目前很多追求明星學校虛榮，不容易達到明星階層者，則求選擇性發展，例如小小科學發明，訓練優良球隊等來光耀校譽，這些似乎都不是正常風氣，一般性學校，應該把精力導向教育效果的追求上去，把科學體育藝術等優良學生，導入研究學校及研究機構發展，教育與研究的結合，是把研究成果充分運用於教育內容，把教育的成效充分發揮於研究工作，是成果成效的結合，不是教育與研究工作的混淆。

五、尾語

教育管理的行政編組，系統排列，各種制度的建立等，皆極重要，還待專家們詳加策劃，不過改革後的教育管理，有幾項重要目標，應該特別注意：

第一、教育改革，增加了社會人才需求調查職責，主要用意在加強配合社會需要，在管理上，有了正確的社會需要數據，然後才能適當分配學習者人數和教育內容，民主時代人人需要教育，教育資源的分配務必做到無遺無漏公允合理。

第二、教育要與社會需要相結合，教育還要與學習個人結合，確實做好因材施教，如此「教」「學」「用」三者才能連接貫通，這是顛覆教改的重要目標之一。

第三、教育要做好因材施教，必先做好學生學習能力性向的考核與評鑑，這也是新增的重要工作，依據完整的正確評鑑，然後才能引導學習者向學方向，指引正確發展道路，再加終身學制，「知」「行」相輔教育方式，逐步充實，使每個人上進之路，充滿條理秩序，可避免一窩蜂的爭相升學，爭取學位，形成人群混亂，向學錯亂，就業慌亂現象。

第四、學習與工作，交替前進的學制，使人才從工作中產生，不是自學籍學位單獨造就而成，從工作中產生的人才，是學歷經歷併進，是經過千錘百鍊的眞正人才，有提倡務實風氣精神效應，更使教育深入土壤，落地而生根。

第五、學制革新中，區分有一般教育系統，，和研究教育系統，這是打破傳統，使不需要長時間修習學位者，盡快回到工作行列，同時依實際狀況，需要較長時間研究磨練學習者，如學術探究、科學追索、藝術體育指導磨練等，則予長期學習環境，這是回歸自然的務實區分，務使大眾改變觀念，適應新制，確實做好這項目標管理。

第六、教育要把人人置於民本觀念和人權平等的立足點上，再依個人條件和工作需要而教育，個人意願有其自由，但必須受到本身條件的限制，本身條件又須受社會需要的限制，教育不能用考試來移動立足點和限制因素的改變，這也是改革教育的重要管理目標。

第七、顛覆教改後，沒有升學主義的左右，沒有聯招的「烤刑」，沒有昧心的「放牛班」，沒有開除退學的「官僚」，教育只有一片愛心，只有爲促進國家社會整體進步的熱忱和使命。

第八、「國者人之積」，教育單位就是管理全國人力的機構，從人生初期的基本培養，到社會人才需求調查，給予適合的教育，又將教育管道與就業管道密切銜接，果眞將這些要求目標，在嚴格管理下一一落實，做到全國人力管理，合理化、秩序化，則國家無不安定進步，盼望讀者諸君，都來支持這樣的教育改革，寧可將資源增加到積極性教改的支應上，也不願消耗在那些錯誤的、無謂的、以及消極政策的浪費上，今天教育浪費非常嚴重，台大畢業的十三位秀女郎只是冰山一角，內政部勞委會每年的職訓輔導，不知浪費多少有形無形資源，國防人員的招募退休，其他如就業秩序紊亂等，社會不知付出了多少代價，倒不如將這些資源全部投入教育改革，讓教育從源頭順自然的管理全國人力，而那些浪費必然消失，若使全國人力管理走向合理化秩序化，又何止節省資源而已！教育管理，其實就是國家管理，在顛覆之下，不要小看了這「教改」二字。

六、民族院概略組織系統表（參考）

國家圖書館出版品預行編目資料

顛覆的教改／劉克慶著. —初版. —臺中市：白象文化，2020.1
面； 公分.
ISBN 978-986-358-910-5（平裝）
1.教育 2.教育改革 3.文集
520.7 108018191

顛覆的教改

作　　者　劉克慶
校　　對　賀祥麟
專案主編　吳適意
出版編印　吳適意、林榮威、林孟侃、陳逸儒、黃麗穎
設計創意　張禮南、何佳諠
經銷推廣　李莉吟、莊博亞、劉育姍、李如玉
經紀企劃　張輝潭、洪怡欣、徐錦淳、黃姿虹
營運管理　林金郎、曾千熏
發 行 人　張輝潭
出版發行　白象文化事業有限公司
412台中市大里區科技路1號8樓之2（台中軟體園區）
出版專線：（04）2496-5995　傳真：（04）2496-9901
401台中市東區和平街228巷44號（經銷部）
購書專線：（04）2220-8589　傳真：（04）2220-8505
印　　刷　普羅文化股份有限公司
初版一刷　2020年1月
定　　價　200元